CORINA NOVELINO

Escuta, meu filho...

HISTÓRIAS DE JESUS PARA CRIANÇAS

pelo Espírito
AURA CELESTE

ide

FICHA CATALOGRÁFICA
(Preparada na Editora)

Novelino, Corina, 1912-1980

N82e   *Escuta, Meu Filho...* / Corina Novelino, Espírito de Aura Celeste. Prefácio de Emmanuel (psicografado por Francisco Cândido Xavier). Araras, SP, IDE, 8ª edição, 2007.
(1ª edição LAKE, São Paulo, SP, 1957).

128 p.: 16 il.

ISBN 978-85-7341-368-7

1. Bíblia - Elucidações 2. Espiritismo 2. Mediunidade: Psicografia I. Aura Celeste II. Xavier, Francisco Cândido, 1910-2002. III. Título.

CDD -133.9

-133.9024
-133.91

Índices para catálogo sistemático:

1. Espiritismo para crianças 133.9024
2. Evangelhos: Exegese espírita 133.9
3. Mediunidade: Psicografia: Espiritismo 133.91

Escuta, meu filho...

ISBN 978-85-7341-368-7

8ª edição - junho/2007
6ª reimpressão - março/2025

Copyright © 1991,
Instituto de Difusão Espírita - IDE

Conselho Editorial:
Doralice Scanavini Volk
Wilson Frungilo Júnior

Produção e coordenação:
Jairo Lorenzeti

Revisão de texto:
Mariana Frungilo Paraluppi

Capa e diagramação:
Samuel Carminatti Ferrari

Ilustrações:
Vanessa Alexandre

Parceiro de distribuição:
Instituto Beneficente Boa Nova
Fone: (17) 3531-4444
www.boanova.net
boanova@boanova.net

INSTITUTO DE DIFUSÃO ESPÍRITA - IDE
Rua Emílio Ferreira, 177 - Centro
CEP 13600-092 - Araras/SP - Brasil
Fones (19) 3543-2400 e 3541-5215
CNPJ 44.220.101/0001-43
Inscrição Estadual 182.010.405.118
www.ideeditora.com.br
editorial@ideeditora.com.br

Todos os direitos reservados. Nenhuma parte desta publicação pode ser reproduzida, armazenada ou transmitida, total ou parcialmente, por quaisquer métodos ou processos, sem autorização do detentor do copyright.

CORINA NOVELINO
pelo Espírito
AURA CELESTE

CONTANDO HISTÓRIAS DE JESUS PARA CRIANÇAS

Sumário

Prefácio, Emmanuel 11
1 - Jesus levanta Sharon 13
2 - Luz e sombras 18
3 - O cego de nascença 22
4 - A grande maravilha do amor 28
5 - A caridade verdadeira 35
6 - Outra cura de Jesus 43
7 - O divino toque do amor 50
8 - O filho do régulo 56
9 - O verdadeiro respeito 62
10 - Um espetáculo inesquecível 67
11 - A maior dádiva 72
12 - A necessidade real 78
13 - O melhor presente 84
14 - O que Jesus nos pede 89
15 - Amor com amor se paga 95
16 - O grande perigo 100
17 - A grande lição 104
18 - A lição inesquecível 108
19 - Míriam 113
20 - Amantel 120

Mapas d

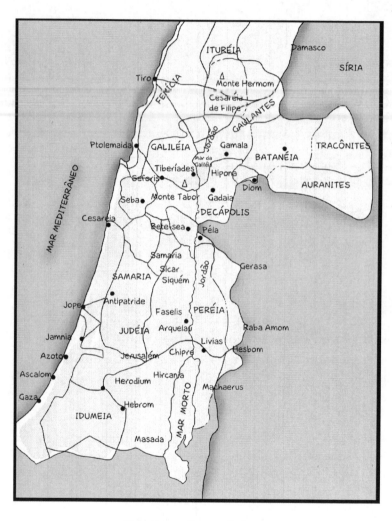

Palestina no tempo de Jesus

Palestina

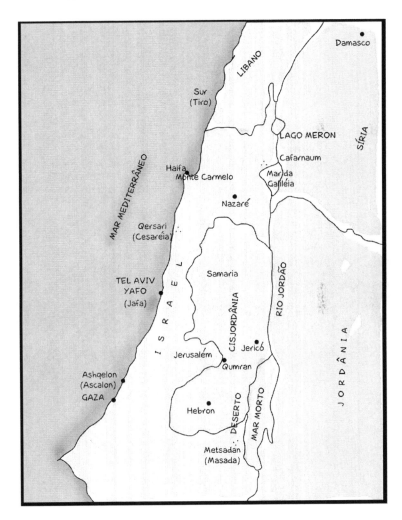

A região da Antiga Palestina, ano de 1990

Irmã Corina,

Jesus nos ampare sempre.

Antes de elevar-se à Esfera Superior, de onde acompanha a sementeira de renovação espiritual que deixou na Terra, nossa irmã Aura Celeste veio trazer aos pequeninos, através de suas mãos, o alimento evangélico que se derrama destas páginas.

Sentimos aqui, desse modo, duas almas femininas que se entrelaçam – a mensageira e sua intérprete – sintonizadas na mesma faixa de esperança e devotamento, ambas empenhadas ao ministério sublime da educação com Jesus.

Trabalhemos, minha irmã, em favor das crianças de hoje, que constituem a promessa do mundo. São elas assim como setas vivas que o presente endereça ao porvir. Inflamemo-las, pois, de luz e verdade, compreensão e amor, para cooperarmos com segurança na construção da Humanidade Melhor.

Emmanuel

(Página recebida pelo médium Francisco Cândido Xavier)

11

Tema: Fé e oração

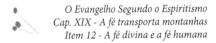
O Evangelho Segundo o Espiritismo
Cap. XIX - A fé transporta montanhas
Item 12 - A fé divina e a fé humana

– Venha cá, Isabel. Quero lhe contar uma daquelas histórias de que você tanto gosta... – disse a bondosa vovó.

– Aquelas histórias bonitas do tempo de Jesus? – adianta a garota de oito anos, aconchegando-se nos braços carinhosos de D. Clara.

– Sim, minha neta. A história de hoje é muito interessante.

– Conte, então, sou toda ouvidos, vovó!

– Pois bem. *Esta é a história de uma menina muito bonita. Ela estava com doze anos de idade quando tudo aconteceu.**

Os pais dessa linda menina eram muito jovens e bem conhecidos na cidade em que moravam. Eles

---

(*) Marcos 5:21-43, Mateus 9:18-26 e Lucas 8:40-56.

13

sempre recebiam, em sua casa, pessoas muito importantes da Galileia, inclusive, às vezes, o próprio governador.

Mas, mesmo sendo também importantes, eram simples de coração e ficavam entristecidos quando estavam em algum lugar que houvesse mentira, falsidade, ou que as pessoas se considerassem superiores às outras.

Certa vez, a filha desse casal ficou doente. Primeiro, ela teve febre, ficando muito desanimada e indisposta. A pobrezinha ficou terrivelmente abatida.

Os pais da menina ficaram desesperados e imediatamente chamaram os melhores médicos, mas o caso era grave e nenhum tipo de cuidado estava apresentando resultado. A menina piorava.

Então, o pai da menina foi até a Sinagoga, onde era muito respeitado. A Sinagoga é um local de culto da religião judaica, onde as pessoas vão para orar. E, naquela manhã de sol, o pai dela seguiu para lá, na tentativa de que a Misericórdia Divina pudesse curar a filha querida.

No caminho, quando andava pela praia, ele se encontrou com Jesus, que já havia recebido em sua casa, e parou para ouvir Suas palavras. Jesus falava à multidão.

A palavra do Mestre caía no coração do jovem pai como a chuva fresca molha a terra seca no verão. Ele sentia necessidade de conforto, de compreensão e de alguma palavra que pudesse trazer uma resposta sobre o porquê de aquilo estar acontecendo com sua linda filha.

Quando Jesus terminou de falar, o jovem conversou com Ele.

Precisava compreender os motivos pelos quais Deus proporcionava dores e aflições a um de Seus Anjos... Por que não poderia ele e a esposa estarem doentes no lugar da filha? Pois se eles tivessem que ser castigados, que fossem eles mesmos.

Jesus ouvia as palavras daquele pai com atenção e interesse e em Seus olhos mansos havia compreensão e piedade.

– Nosso Pai – disse o Mestre – sabe o que faz. Ele se inspira na Justiça Eterna porque é a própria Justiça e a Misericórdia sem limites.

Naquele momento, um grupo apressado foi ao encontro dos dois. Um homem, com muita ternura na voz, chegou até o moço e disse com a voz trêmula:

– Tua mulher te chama, Jairo! Tua filha acaba de morrer!

Aquele jovem pai sentiu uma dor tão forte, mas tão forte, que se um raio tivesse caído sobre ele não causaria tamanha dor. Suas pernas ficaram bambas, e ele teria caído se as palavras de Jesus não o tivessem amparado naquele momento, dizendo-lhe:

– Não te preocupes. Tua filha vive ainda, Jairo.

– Vamos, então, até minha casa. Peço-vos que vejais minha Sharon...

Em pouco tempo, Jesus e seus discípulos entraram na luxuosa residência de Jairo, em Cafarnaum.

Muitas pessoas já se encontravam ali, para ajudar os pais da menina, naquela hora tão aflitiva.

O coração da bela menina, como que acionado por desconhecida força, recomeçou a funcionar normalmente...

Jesus pediu, então, que todos se retirassem do quarto da menina.

Todos se retiraram, ficando apenas o Mestre, os discípulos e os pais da menina.

Jesus se aproximou da criança. Ela não se mexia, estava muito pálida, e seu coração parecia imóvel, não sendo percebido qualquer batimento.

Então, a formosa mão do Cristo tomou as mãozinhas frias de Sharon. Ele se entregou inteiro à oração e foi transmitindo, àquele corpinho gentil, generosas doses de magnetismo benéfico.

O coração da bela menina, como que acionado por desconhecida força, recomeçou a funcionar normalmente. As faces se tornaram rosadas e ela abriu um suave sorriso. Os olhinhos se moveram lentamente, e a menina falou:

– Mamãe!

Ela foi a primeira a falar, pois todas as outras pessoas, muito emocionadas, não conseguiam dizer uma só palavra.

A menina estava salva!

⁘

– Que história maravilhosa, vovó!

– Você gostou, minha netinha querida? Amanhã teremos mais...

E deu um beijo amoroso na querida neta, selando sua promessa de contar outras histórias de Jesus.

Tema: Mudança interior

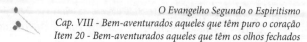

O Evangelho Segundo o Espiritismo
Cap. VIII - Bem-aventurados aqueles que têm puro o coração
Item 20 - Bem-aventurados aqueles que têm os olhos fechados

Isabel se sentou aos pés da vovozinha e se distraía com a linha grossa do novelo esquecido no fundo do cesto de costuras, enquanto a bondosa velhinha fazia o seu crochê...

– Gostei muito da história que você me contou ontem, vovó!

– Você quer ouvir outra?

– Você adivinha sempre os desejos da gente, vovozinha! Você é um Anjo!

Depois dos carinhos da neta querida, que se exprimiam por beijos e abraços, vovó iniciou nova história, sob o olhar atento de Isabel.

– Jesus impressionava as multidões que O seguiam, como que atraídas e encantadas pela força de Seu magnetismo, impregnado de vibrações envolventes de carinho.

18

O povo sofredor não estava habituado àquele tratamento generoso. Os governadores do Império Romano abusavam do poder e levavam as pessoas a sofrerem terríveis humilhações e viverem em estado de miséria.

Doenças de todos os tipos levavam aquelas pessoas ao desespero. Faltava-lhes o pão, ao mesmo tempo em que as garantias para a sobrevivência eram impedidas pela ambição dos mais fortes.

Aquele povo precisava, mais do que nunca, de um Messias. De alguém que o estimulasse no esforço pela tranquilidade e pela paz. As forças agora eram tão escassas que mal davam para lutar pela própria subsistência.

Jesus chegara no momento em que enfrentavam grande dificuldade e sofriam com a falta de esperança.

As palavras do Mestre e a suavidade sentida com sua doce presença acalentavam o coração daqueles pobrezinhos que mal tinham como sobreviver.

– Hoje passais pelos caminhos da dor, percorrendo as estradas da miséria. Amanhã, porém, essa estrada de sombras se transformará em luz eterna de vossas almas. Havereis de bendizer, então, essa dor que vos fere o coração para erguê-los às mais altas regiões do Infinito!

E a voz de Jesus ecoava nas planícies e nas montanhas, como um murmúrio de serenidade e de paz.

Curando pessoas com diferentes doenças, proporcionava-lhes oportunidades de trabalho e de elevação.

Certa vez, trouxeram-lhe um cego, que viera do sul. Havia percorrido a pé a região sombria do Hebron, atingindo as costas do Mar da Galileia. É fácil imaginar as dificuldades por que passara o pobre cego.

– Senhor, venho de terras distantes para suplicar-vos luz para os meus olhos! – assim dizendo, a infeliz criatura ajoelhou-se aos pés do Mestre.

– Estás de posse da luz e das sombras de teus olhos, meu irmão – disse Jesus, tomando o cego pelas mãos e erguendo-o do chão.

– Como assim? Que quereis dizer? – interrogou o infeliz com um tom de alegria e preocupação na voz.

– O teu caso só pode ser resolvido por ti mesmo. A tua cura deve sair de tua própria vontade! Nada posso fazer...

– Mas destes visão a muitos cegos como eu... – gemeu o doente.

– Não eram cegos como tu. Os que curei possuíam só luz. A luz da serena compreensão do Amor de Deus. Confiavam no Pai, ao passo que tu não confias nem compreendes...

– Como podeis sabê-lo? Aqui estou na mais forte afirmação de minha fé...

– Chegaste aqui, após uma viagem cheia de sombras, revoltas e queixas. Como queres que eu te cure, se o único passo que deste para isso foi o de dar conta de tua presença?

Seria bem melhor – continuou o Mestre – que não houvesses feito essa viagem, que ficasses no teu canto e aprendesses a sofrer, no cultivo da paciência e da serenidade...

– Quereis dizer que os outros...

– Sim – interrompeu Jesus, lendo o íntimo do interlocutor –, os outros me apresentaram a iluminação interior como credencial valorosa. Quando me procuraram, já estavam curados. Foram eles os seus próprios médicos. E que médicos! Dedicados ao Bem, vigilantes nas lutas contra o mal próprio, prudentes e conscienciosos na distribuição da justiça.

– Começo a compreender, Senhor... – acentuou o cego, com olhos cheios de lágrimas.

– Iniciaste também a tua cura... Vai, um dia irei ao teu encontro. No momento exato de tua recuperação íntima, receberás a luz de teus olhos...

O cego se levantou e retomou, cabisbaixo, o caminho do sul. As sombras exteriores eram as mesmas, ele parecia o mesmo. Mas, no seu coração se acendia a luz do entendimento, após a lição recebida pela voz carinhosa e sábia de Jesus.

O Cego de Nascença

Tema: Perispírito

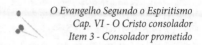

O Evangelho Segundo o Espiritismo
Cap. VI - O Cristo consolador
Item 3 - Consolador prometido

No dia seguinte, os olhos de Isabel brilharam de alegria quando a avó lhe anunciou uma nova história.

– Vovozinha, eu pensava que Jesus tinha curado todas as pessoas doentes que d'Ele se aproximaram... – adiantou a menina, com um arzinho de timidez, referindo-se à história anterior.

– Isso, querida! Quero que você me pergunte se tiver alguma dúvida, ou quando alguma parte da história parecer-lhe estranha. Vamos combinar uma coisa? Você deverá interromper-me todas as vezes que quiser perguntar algo. Está combinado?

– Sim, vovozinha – concordou a menina, ternamente animada pela compreensão e bondade da avó.

– Pois muito bem. Tenho de explicar-lhe o motivo pelo qual Jesus não curou todos os enfermos que O buscaram. Minha neta, é preciso que você saiba de uma coisa muito importante: a enfermidade é um dos sinais da condição doentia do Espírito. Quando um órgão do nosso corpo está doente e apresenta os sintomas da doença é porque o perispírito, que é o que dá forma ao nosso Espírito, também já está doente.

Isabel arregalou os olhos e indagou:

– Como assim? Você já me falou várias vezes do perispírito, mas não me disse que ele possuía órgãos como o nosso corpo...

– Sim, meu bem. Em mundos como o nosso, onde as pessoas estão ainda sobrecarregadas de sentimentos grosseiros, estando muito ligadas às coisas materiais, o perispírito necessita de organização semelhante à nossa, pois, como disse, ele dá forma ao nosso Espírito e serve de intermediário ao Espírito nas relações exteriores.

Os olhos de Isabel mostravam o grande interesse da menina pelas explicações, mas demonstravam que algumas coisas ainda estavam difíceis para ela entender, devido à pouca idade que tinha.

– Minha neta, estas coisas você entenderá bem daqui a quatro ou cinco anos. Mas é muito importante que sempre busque aprender, através do estudo, mesmo que eu não esteja mais ao seu lado. De acordo?

– Oh, vovó, fico triste quando você fala isso, afinal, estamos tão alegres neste momento. Você vai ficar toda a vida comigo...

– Sim, filhinha, toda a minha vida, pois mesmo que eu venha a desencarnar, como é lógico que aconteça um

dia, minha alma continuará vivendo e amando, aprendendo e servindo...

– Vovozinha, você se esqueceu da história prometida? – perguntou a menina, desviando o assunto.

– Não, não a esqueci, e você vai compreender melhor a situação dos doentes curados e não curados por Jesus.

Na história de ontem, você viu um pobre cego a caminhar por estradas desertas, numa longa e cansativa viagem, em busca do Mestre, a fim de pedir-Lhe luz para os olhos sem vida. E admirou-se de que o Mestre não atendesse ao pedido do cego. Hoje, vou conduzi-la ao encontro Dele para que tenha uma ideia da sua grande missão.

Ele estava a caminho de Jerusalém, junto dos discípulos. Saíra de Cafarnaum apesar do medo dos Apóstolos. Ninguém desejava aquela viagem, pois a intolerância judaica era mais acentuada ali, onde, por várias vezes, Jesus sofrera os espinhos da incompreensão, decorrente do orgulho daquela gente. Alguma coisa falava ao coração dos dedicados colaboradores de Jesus, que ameaças, perseguições e quem sabe se até a morte, aguardavam-nos em Jerusalém.

– E aconteceu mesmo, vovozinha? – indagou Isabel, com os olhos brilhantes de emocionada curiosidade.

– Sim, minha querida. Mas esta história é para outro dia. Hoje, desejo apresentar-lhe o infeliz cego que se achava à margem da estrada, por onde Jesus teria de passar... Ali se achava, paciente, à espera de esmola.

— Você vai ficar muito admirada, Isabel – continuou docemente a avó – quando souber que é Jesus quem vai ao encontro do cego para curá-lo.*

— E o curou, vovozinha?

— Sim. Aproximou-se do cego e disse-lhe umas palavras carinhosas, como só Ele sabia dizer. Do coração do Mestre saiam vibrações poderosas, que atingiram a alma sensível e humilde do cego.

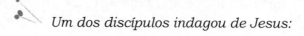

Um dos discípulos indagou de Jesus:

— Mestre, este é um cego de nascença. Quem terá pecado, ele ou seus pais?

O Cristo responde, com palavras cheias de sabedoria:

— Nem ele, nem seus pais pecaram. Aí está para que se manifeste nele a misericórdia do Pai.

— Cego de nascença? Mas quem nasce cego não tem cura... – admirou-se Isabel.

— Sim. Mas naquela hora Jesus molhou um pouco de terra com a Sua saliva, fez um pouco de massa, passou nos olhos do cego e o mandou banhá-los no poço de Siloé, próximo dali. Dentro de pouco tempo, o homem voltava

(*) Marcos 10:46-52.

completamente são, enxergando Jesus, os companheiros, as árvores, os passarinhos, tudo...

– Mas como pôde ser isso, vovó?

– É que o cego era um Espírito que já havia conseguido se melhorar. Veio ao mundo para que pudéssemos ter conhecimento de uma das mais impressionantes curas realizadas por Jesus.

– E como isso é explicado, vovó? - insistiu a menina, bastante curiosa.

– É o próprio Jesus quem explica, falando aos discípulos: "Nem ele (o cego), nem seus pais pecaram. Veio para que nele se manifestasse a misericórdia do Pai".

– Quer dizer que se o cego tivesse pecados não seria curado?

– Isso mesmo. Pecados são erros que o Espírito comete.

– Entendi, vovó!

Então, a menina perguntou, toda curiosa:

– Será que eu tenho muitos erros?

A querida vovó sorriu, feliz, e disse:

– Deus queira que você não tenha muitos... mas, amanhã, teremos mais histórias, meu anjo. Agora, já é hora de ir para a cama.

Um beijo foi o agradecimento da neta, que desapareceu rumo ao seu quarto, na ponta dos pés, em gracioso gesto.

A Grande Maravilha do Amor

Tema: Multiplicação dos pães

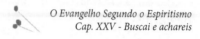
O Evangelho Segundo o Espiritismo
Cap. XXV - Buscai e achareis

Isabel entrou como um pequeno furacão na sala, onde se encontrava a avó.

Passou os bracinhos em torno do pescoço da boa senhora, envolvendo-a em um carinhoso abraço.

– Como é, vovozinha, você vai cumprir com o prometido, hoje?

– Claro, minha querida – respondeu a senhora, dando um beijo cheio de ternura no rosto da netinha. – Hoje, vou contar outra história sobre a vida de Jesus.

E continuou:

– Você já conhece um mapa?

– Sim, vovozinha, conheço o mapa do Brasil.

– Está bem. Vá àquela mesa e me traga aquele embrulho que está em cima do vaso.

Isabel obedeceu prontamente, cheia de curiosidade.

– Veja, minha filha, aqui está um mapa da Palestina antiga, do tempo de Jesus.

Assim dizendo, a bondosa vovó apontou uma região de forma alongada, a leste do Mediterrâneo.

– Veja, querida. A Palestina, daquela época, era dividida em três províncias. Aqui ao norte, a Galileia, onde se acha Nazaré, a cidade onde residiam os pais de Jesus; Caná, palco do primeiro fenômeno, chamado milagre de Jesus; Cafarnaum, lugar da predileção de Jesus, onde foi Ele buscar Seus discípulos.

Mais abaixo, você pode assinalar uma grande cidade...

– Samaria – adiantou Isabel, apontando com o dedinho.

– Isto mesmo, Samaria ou, mais precisamente, Sebaste Samaria, uma das principais cidades dessa província que recebeu o seu nome. Agora, ao sul, vemos a Judeia, onde encontramos a famosa Jerusalém...

– A cidade em que Jesus foi crucificado, não é, vovó?

– Sim. Um dia, falaremos dessa cidade... mas, veja mais ao sul outra região importante...

– Idumeia! – diz Isabel, sorrindo, encantada com a sua rapidez.

– Certo! Adivinhe, agora, que ponto deste mapa vamos procurar...

– Oh, vovó, não me deixe curiosa! Estou aflita é para ouvir a história prometida...

– Pois, muito bem. Estou também curiosa por saber

Todos ansiavam por ouvir a palavra do Cristo, naquela hora de profunda revolta para seus corações.

se você pode me dizer que cidade buscaremos no mapa. Olhe, vou ajudá-la: ela se encontra no extremo norte da Galileia...

Isabel observou atentamente o mapa, aberto na sua frente, e por fim juntou as mãozinhas, comemorando:

– Já sei, já sei! É Cafarnaum!

– Muito bem! Você já sabe consultar o mapa. Mas iniciemos a história, sem mais demora, não é assim?

– Esse é o meu desejo, vovozinha.

– *Aqui, nesta cidade* – diz vovó, indicando Cafarnaum – , *Jesus viveu os melhores dias de Sua vida, em companhia de alguns dos discípulos, entregue ao trabalho de carpinteiro, enquanto os colaboradores recuperavam as energias perdidas em frequentes excursões, realizadas em grande número de cidades da Palestina. Cafarnaum era pequenina, e os seus habitantes eram gente humilde, em geral, pescadores.* *

Certo dia, Jesus saíra da localidade, buscando as montanhas próximas. Pedro ficara para trás, pois sabia que grande multidão vinha de diversos pontos e, reunida em Betsaida, viria ao encontro do Mestre. Era preciso auxiliar aquela gente, transportando-a nos seus barcos, através do Mar da Galileia.

Assim aconteceu. Algumas horas depois,

(*) Marcos 6:30-44, Mateus 14:13-21 e João 6:1-14.

chegaram até Jesus, no alto da elevação, cinco mil pessoas. Eram crianças, velhos, moços, mulheres. Todos ansiavam por ouvir a palavra do Cristo, naquele momento de muita revolta para seus corações.

– Revolta?! Por que, vovó?

– É que João Batista havia sido assassinado. E aquela multidão vinha justamente do seu enterro, em Betsaida. Eles precisavam de um conforto e vinham buscá-lo nas palavras de Jesus – explicou a vovó.

Jesus se levantou. Ele impressionava pela afabilidade e harmonia que transmitia, além de possuir traços harmoniosos. Começou a falar. Sua voz penetrava os corações cheios de ódio, como um raio de luz tocando a escuridão. Um toque singular de serenidade bafejava aquelas frontes contraídas. Pouco a pouco, as fisionomias carregadas tornavam-se tranquilas. O Mestre falava sempre, apontando a necessidade de Paz nos corações, acentuando que esta somente lhes chegaria pelas mãos caridosas do Perdão. Sim, soara a hora da libertação, não da escravatura romana, que tantos sofrimentos causava a todos, mas da libertação de mil e um pequenos defeitos que afligiam os corações dos ouvintes. A palavra de Jesus tinha o poder de tranquilizar os ambientes. Era como uma brisa suave que passasse por entre o calor do deserto. Falou Ele durante algu-

mas horas. A multidão O ouvia como que paralisada por êxtase. Ninguém se movia até que, lentamente, foram todos se sentando aos pés do Mestre, que continuou na mesma posição de início. A noite chegara. O Cristo havia terminado a sua fala. A multidão ganhara disposição nova e ninguém pensava mais em vinganças, nem ódio. Pelo menos naquela hora, todos se sentiam unidos, como irmãos.

Depois, sentiram fome. Os discípulos se preocuparam e falaram ao Mestre. Que fariam? Algumas pessoas se lembraram de trazer um pouco de alimento. Mas de que serviria? Ali estava uma multidão de cinco mil pessoas... O Mestre instruiu, suavemente:

— Dai vós de comer à multidão.

— Mas, como?! – indagaram aflitos os dedicados colaboradores do Mestre.

— Trazei-me a comida que algumas pessoas trouxeram...

Imediatamente, surgiu dentre a multidão um jovenzinho, apresentando a sua cesta de alimentos. Dentro havia cinco pães e dois peixes...

Jesus pegou a cesta das mãos de Pedro e dividiu os pães e os peixes, sob as vistas dos discípulos. Depois, disse-lhes:

— Reparti, agora, para todos.

Pedro, auxiliado pelos companheiros, iniciou a grande tarefa. Começou a distribuição. Aqueles pães e aqueles peixes alimentaram toda a gente...

– Cinco mil pessoas? – perguntou Isabel, com grande surpresa.

– Sim, filha. Cinco mil pessoas receberam pão e peixe das mãos dos discípulos de Jesus.

– Que coisa, hein, vovó? Como se explica esse milagre?

– Não diga milagre, filha. Essa palavra só serve para falar sobre alguma coisa que não tem explicação possível. E o que Jesus realizou tem uma explicação racional.

– Então, explique-me, vovó... – pediu a menina.

– Eu o farei, querida, mas...

– Mas... o quê? – indagou a irrequieta ouvinte.

– Amanhã – responde a generosa velha. – Hoje, você já está com os olhos quase fechando de sono, e a vovó também.

– Que pena!

– Um beijo, querida, e... cama para você!...

Isabel obedeceu, com uma pontinha de má vontade. Mas se consolou, porque tinha certeza de que, no dia seguinte, vovó cumpriria a promessa que acabava de fazer.

A Caridade Verdadeira

Tema: Piedade e auxílio

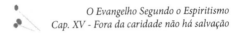

O Evangelho Segundo o Espiritismo
Cap. XV - Fora da caridade não há salvação

No dia seguinte, a pequena Isabel trouxera uma amiguinha para ouvir a história de vovó. Era Leda, que morava na casa vizinha à sua.

Leda era dois anos mais velha que Isabel. Mostrara-se interessada por tudo quanto a amiguinha lhe contara sobre as belas histórias da vovó. Muito boazinha e educada, a pequena perguntou à bondosa velhinha:

— A senhora não se incomoda que eu venha também para ouvir as histórias?

— Lógico que não, minha querida. Fico contente e satisfeita por saber que existem meninas que se interessam pela vida de Jesus...

— Oh, vovó, se é assim, eu sei de várias meninas de nossa rua, que viriam correndo para ouvir a senhora!...

— Pois você está autorizada a trazê-las...

— Agora? Posso ir correndo...

35

– Não, querida. Amanhã, você poderá trazer essas meninas. Hoje, tomaria muito tempo, e temos ainda uma história para contar.

– É mesmo, vovó – assentiu Isabel. – E antes da história, você prometeu nos explicar o caso da multiplicação dos pães...

– É verdade, minha boneca. Vou fazê-lo agora e muito feliz por sentir o entusiasmo de seu coração por coisas tão importantes e belas.

A avó endireitou os óculos sobre o nariz e abriu o mapa sobre a mesa. Leda, cheia de curiosidade, perguntou:

– Para que esses mapas, D. Clara?

– São mapas da Palestina. Um antigo e outro atualizado. Vou precisar de ambos daqui a pouco.

– Vovó, a senhora está se esquecendo de explicar o fato dos pães.... – acentua a apressada Isabel.

– Não, querida. Eu não me esqueceria de uma coisa tão importante. Escute: você se lembra da maneira como descrevi a multiplicação dos pães?

– Todinha, vovó. Como hei de esquecer uma coisa que me impressionou tanto e que não pude entender?

– Pois muito bem. Nada existe nos grandes fatos realizados por Jesus que não se possa explicar. Estão todos explicados nas leis naturais... A lei natural é a lei de Deus, que indica o que devemos ou não fazer...

– E onde ela está escrita, vovó?

– Na nossa consciência. E Deus nos enviou Jesus, como o mais perfeito modelo, trazendo-nos muitos ensinamentos.

E a terna vovozinha prosseguiu:

– Quando o Mestre disse aos discípulos "Dai vós de comer a esta gente", expressou Ele uma verdade profunda. Conhecedor que era de todos os segredos da Natureza, podia, através deles, obter energia na própria Natureza, organizando a matéria e dividindo os elementos necessários.

Naquela hora, o povo faminto teria pão e peixe à vontade, pois o Cristo iniciou o trabalho de manipulação dos fluidos existentes na atmosfera, usando de um poder que só Ele possuía.

– Para que serviam esses fluidos? – indagou Leda, muito comportada no seu canto.

– Para organizar os pães e os peixes necessários para matar a fome de toda aquela multidão.

– Puxa, vida! Mas que trabalho, hein, vovó? – disse Isabel, novamente impressionada.

– Sim, filha. Um esforço que somente o Amor pode justificar. É necessário que a grandeza do sacrifício do Cristo seja entendida, a fim de que o nosso respeito e gratidão se ampliem, e principalmente cresçam em nós os propósitos de servir o nosso semelhante.

– E a outra história, vovó?

– Vou iniciá-la já, para que tenhamos tempo de concluí-la.

Assim dizendo, Dona Clara chamou novamente a atenção das duas meninas para os mapas, estendidos sobre a mesa.

– Venham, queridas. Aqui se encontram os caminhos que utilizaremos hoje para nossa viagem ao passado.

Isabel vai me mostrar, neste mapa atualizado, o ponto exato onde se encontra Jericó.

A menina observou todo o mapa e afirmou, muito séria:

— Não vejo nenhuma Jericó! A Senhora deve estar enganada...

Leda correra para junto da amiga para auxiliá-la a procurar. Mas, também ela, apesar de mais adiantada na escola, não conseguiu achar o ponto que indicava a cidade.

Dona Clara, percebendo a dúvida das duas meninas, colocou o dedo indicador em um dos pontos do mapa.

— El Ariha! — exclamaram as duas meninas, a um só tempo.

— Que nome esquisito! — acentuou Isabel.

— Isso mesmo — continuou a boa vovó. — El Ariha é a Jericó dos tempos de Jesus. Aquela mesma Jericó florescente, situada num dos tributários do Jordão. Era a segunda cidade da Palestina.

— E hoje deve ser a primeira, não é, vovó? — perguntou inocentemente Isabel.

— Não, filha — El Ariha é hoje uma povoação de apenas 600 habitantes...

— Não diga, vovó! Por que isso aconteceu?

— Filha, noutro dia falaremos mais detalhadamente sobre esse assunto. O essencial, por hoje, é acentuarmos a posição de miséria em que se vira as cidades da Palestina, que passaram de mão em mão, após a morte de Jesus. Mas agora voltemos à história de hoje.*

(*) Lucas 10:25-37.

– Muito bem, Dona Clara! – Leda aplaudiu.

– Pois bem. Jericó, a grande cidade, estava separada de Jerusalém por um deserto. *Certo dia, um homem que vivia numa parte da Palestina, mais ao norte de Jerusalém e chamada de Samaria, descia de Jerusalém para Jericó.*

– Oh, vovó, a senhora podia nos contar alguma coisa sobre essa Samaria... – arriscou a curiosa Isabel.

– Sim. Aí está uma lembrança muito oportuna. Vejam, neste mapa, a Samaria exuberante de outros tempos, aquela Sebaste cheia de edifícios suntuosos...

– Sebaste?! – admirou-se Isabel.

– Esse era o nome dado à Samaria por Herodes, que a reconstituíra. O nome fora dado em honra a Augusto, imperador de Roma.

Sebaste e Jerusalém eram, por isso, rivais. A segunda não tolerava a visível preferência do Grande Herodes pela insignificante e baixa Samaria...

Havia outras razões que faziam dos judeus inimigos inconciliáveis de Samaria. Motivos religiosos, entendem?

– Mas, hoje, Samaria é ainda muito importante, não é, vovó?

– Não, meu bem! Teve o mesmo destino de Jericó. É hoje uma pequena cidade árabe.

– Que fracasso, hein, vovó?

– Sim. Mas continuemos com a história. Como vocês podem imaginar, *aquele homem teria de passar por estradas desertas e perigosas, cheias de bandidos.*

Até certo ponto da jornada, o viajante não encontrara obstáculos, a não ser o sol excessivamente forte do deserto.

Quando se encontrava ainda mais próximo de Jerusalém que de Jericó, foi atacado por um desses grupos de bandidos sem escrúpulos, sem lei, de coração entorpecido pelas maldades que praticavam todos os dias.

O pobre homem resistiu, a princípio, porém, foi vencido, pois eram muitos os atacantes, e ele, sozinho, não conseguiria vencê-los.

A estrada ficara marcada pela fúria e pelo ódio daquelas infelizes criaturas, que viviam para o mal. Ali ficou o sangue do pobre viajante. O homem foi jogado à margem da estrada, desmaiado. Os bandidos se afastaram, levando tudo o que a vítima trazia, inclusive o cavalo que montava.

De Jerusalém, poucas horas depois, passou por ali um sacerdote hebreu. Viu o ferido, mas não quis se dar ao trabalho de socorrê-lo. Passou longe e lá se foi em busca dos interesses de sua organização religiosa. Não perderia tempo, gastando-o com vagabundos da estrada...

Logo após, passou por ali um levita.

– Levita? Que quer dizer isso, vovó?

– Os levitas – explicou Dona Clara – eram os sacerdotes que guardavam o templo de Jerusalém. Mas, continuemos. *O levita se aproximou do ferido, mas não quis interromper suas próprias preocupações imediatas que o conduziam fora da cidade.*

– Que homens sem caridade, hein, vovó?

41

– Realmente. *Mas, logo, passou por ali um samaritano, daquela gente tão desprezada pelos judeus.*

O samaritano, ao avistar o ferido, desceu do seu cavalo e correu ao encontro do pobre homem que jazia caído na estrada.

Com o coração cheio de piedade por aquele infeliz homem, tomou do óleo que trazia e fez os primeiros curativos nos ferimentos.

Confortou o ferido com o vinho que trazia consigo. Depois, conduziu o ferido para uma hospedaria mais próxima.

Após recomendá-lo com insistência ao hospedeiro, mediante pagamento adiantado de parte das despesas, o samaritano se despediu, prometendo voltar logo e pagar o restante das despesas.

– Que homem generoso, hein, Dona Clara? – disse Leda, com entusiasmo.

– Não disse a você que vovó sabe histórias muito bonitas? – acrescentou Isabel ao notar o interesse de sua amiguinha.

– Dona Clara, a sua história é mesmo belíssima...

– A história não é minha e ainda não está terminada. Amanhã, a concluiremos.

– Não é da senhora, vovó? De quem é, então?

– De Jesus, filha.

Esse nome despertara um mundo de imaginações no coração das meninas.

Beijaram a querida velha e saíram, levando a certeza de que, no dia seguinte, teriam outras horas de encantamento.

Tema: Fazer o bem sem ostentação

O Evangelho Segundo o Espiritismo
Cap. XIII - Que a vossa mão esquerda não saiba o que dá a vossa mão direita

Isabel trouxera para junto da avó uma turminha animada por ouvir as bonitas histórias da querida velhinha.

– Como é, vovó? A senhora está disposta a contar-nos uma história hoje? – interpelou a menina.

– Perfeitamente, meu bem. A sala hoje está cheia de lindas meninas, que espalham o perfume da alegria e do entusiasmo pelas coisas belas da vida...

– Não é que D. Clara é também poetisa? – falou a sensata Leda.

– Você é muito bondosa, querida. Mas precisamos hoje entrar no assunto logo, se quisermos dar conta do recado...

– Não faz mal demorar, D. Clara... Ficamos sabendo que as histórias que a senhora conta são tão maravilhosas, que a gente não vê passar as horas...

43

Quem assim falava era uma jovenzinha de doze anos, feliz que estava por fazer parte do animado grupo.

– Bem, bem! Vocês são todas uns amores de meninas. Dá gosto viver assim, rodeada de criaturinhas tão encantadoras!

– Vovó, penso que a senhora não deve dar muita atenção à conversa destas meninas! A história está demorando um bocado por causa disso... – arriscou a impaciente Isabel.

– Vamos lá, vamos lá, não precisa ficar impaciente, minha querida! Vou começar...

Mas onde foi mesmo que paramos ontem? – continuou D. Clara.

– A senhora contou a história do ferido, na estrada de Jericó – respondeu Leda.

– Ah, muito bem! O que vocês precisam saber é que a história de ontem é uma das parábolas de Jesus.

– Parábola? Que é parábola, vovó?

– Parábolas eram pequenos contos imaginados por Jesus, a fim de tornar mais compreensíveis as lições que ensinava.

– Que bom professor, hein, D. Clara? – concluiu a graciosa Helena, garota de onze anos.

– Realmente, o Cristo foi o maior Educador que o mundo já conheceu.

A parábola de ontem, por exemplo, é a ilustração do amor ao próximo.

Mostrou-nos o Mestre o valor de se fazer o bem sem

pensar em recompensas. E apontou o mérito indiscutível que há na misericórdia realizada nessas condições.

– Quer dizer que aquele senhor que salvou o ferido está dentro desse Amor de que Jesus falava? – perguntou Lídia, uma moreninha de olhos vivos, que se sentara próximo de Dona Clara.

– Isso mesmo, minha filha. Aquele homem, que era desprezado pelos judeus como criatura sem religião, fora colocado pelo Mestre acima dos sacerdotes, que não usaram de caridade para com o próximo.

Passemos agora à história de hoje.

– Isso mesmo, vovó! Já estou aflita por conhecer a história que a senhora tem para nos contar.

A irrequieta Isabel, mais uma vez, deixava à tona a sua inesgotável curiosidade.

– Sim, meu bem. Entremos logo na história desta noite.*

– É ainda sobre a vida de Jesus? – perguntou Helena.

– Sim, minha filha.

– Que bom! – exclamaram todas as crianças.

– Vamos abrir o mapa da Palestina, pois desejo mostrar-lhes o cenário da história de hoje – disse D. Clara, desdobrando o mapa, diante daqueles olhos curiosos e impacientes. – Olhem, aqui. Jesus se encontrava neste ponto, ao norte do Mar da Galileia, quando se deu o fato que lhes vou narrar...

(*) Marcos 7:31-37.

– Betsaida! – gritaram as meninas, ao lerem o nome que o dedo indicador de D. Clara apontava.

– Isto mesmo. *Naquele dia, o Mestre havia chegado de uma longa viagem, ao norte. Viera de Tiro, na Fenícia...*

– Onde se encontra esse lugar, D. Clara? – perguntou Leda.

– Observem o mapa. Tiro está a leste do Mediterrâneo. É cidade marítima situada no sudoeste da Fenícia...

Não foi difícil às meninas localizarem o grande porto fenício.

– Já achamos! Já achamos! – exclamaram, alegremente.

– Puxa vida! Que pedação Jesus andou para chegar à Betsaida, hein, vovó?

– Sim, Ele fazia essas viagens a pé, minha filha...

– Que sacrifício, não é mesmo, D. Clara? – acentuou uma das meninas.

– É verdade. O Mestre, porém, não considerava nenhum sacrifício aquelas caminhadas frequentes, por quase toda a Palestina, quando ensinava a palavra de Deus e curava os enfermos...

Naquele dia, uma grande multidão O cercava em Betsaida.

A Sua palavra doce e serena era um bálsamo que penetrava os corações.

O magnetismo sem igual, único, que se desprendia da personalidade do Mestre, derramava-se em jato de tranquilidade e de reconfortante paz naquelas almas, ali reunidas.

Quando Ele falava ainda, trouxeram-lhe um enfermo para ser curado. Saíra o doente do meio do povo. Os olhos não lhe revelavam que ele percebesse qualquer coisa ou que entendesse o que estava se passando.

– Como, vovó? Ele não acreditava no que Jesus dizia?

– Era surdo, minha filha, além disso, era portador de grave defeito nas cordas vocais. Mal sabia falar...

– Já ouvi dizer que os surdos não aprendem a falar – disse Helena.

– É verdade, quando são surdos de nascença. O enfermo da história, porém, falava mal.

– Que fez Jesus? – interrogou Isabel.

– Jesus colocou as mãos nos ouvidos do surdo e tocou-lhe a língua.

– Que interessante! E o surdo ficou curado? – interveio, novamente, a irrequieta Isabel.

– Sim. Na mesma hora começou a falar desembaraçadamente e a ouvir.

– Que maravilha, hein, D. Clara? – disse uma das meninas...

– Realmente. *Depois, Jesus pediu ao curado que nada dissesse a pessoa alguma sobre o que acontecera.*

– E o homem obedeceu a Jesus? – perguntou Helena.

– Não. Dali saindo, relatava tudo, por onde passava...

– Pois eu faria exatamente isso... E você, Helena? – arriscou Isabel.

– Eu também. Como haveria de demonstrar gratidão ao Cristo, senão louvando-Lhe o nome? – confirmou Helena.

– Pois vocês estão erradas, minhas filhas. Jesus tinha razões muito sérias para silenciar sobre os fenômenos que produzia.

– Por que, vovó?

– Amanhã, explicarei tudo. Por hoje, basta. Olhem só pela janela.

As meninas seguiram o olhar da bondosa velha e notaram que as sombras da noite refletiam na vidraça.

O grupo se despediu e lá se foi, espalhando alegria e entusiasmo pela rua bem iluminada.

O Divino Toque do Amor

Tema: Pureza de coração

> *O Evangelho Segundo o Espiritismo*
> *Cap. VIII - Bem-aventurados aqueles que têm puro o coração*
> *Item 1 - Deixai vir a mim as criancinhas*

A sala de estar da casa de Isabel já estava ficando pequena para caber a numerosa quantidade de ouvintes das belas histórias da vovó.

Naquela tarde morna de outono, as cabecinhas graciosas da vizinhança infantil ali se achavam, na encantadora expectativa de mais uma bela história de D. Clara.

Isabel, desejosa de entrar logo no fascinante reino das histórias sobre Jesus, adiantou-se:

– Vovó, a senhora sabe que tem uma história para concluir?

– Sim, minha querida. Jamais me esqueço das obrigações... Mas a história de ontem está concluída. O que nos resta para hoje é um rápido comentário sobre determinado detalhe da história. Vamos ver quem se lembra...

Leda, que se encontrava olhando atentamente a generosa velhinha, com medo de perder uma só de suas palavras, foi a primeira a falar:

– A senhora ficou de explicar o motivo pelo qual

50

Jesus pedira ao homem que Ele curara para que silenciasse a respeito de sua cura...

– Muito bem, Leda! Você realmente tem prestado atenção às lições que tenho contado...

O Mestre tinha importantes motivos para não admitir que certas curas que realizava fossem divulgadas. O principal desses motivos era o desejo de dar o exemplo de humildade e de desinteresse. Não ambicionava os aplausos dos homens. Defendia que seus feitos ficassem no anonimato, ou seja, que ninguém soubesse quem o tinha realizado, ensinando a sublime lição: "Que a vossa mão esquerda não saiba o que dá a direita".

Além disso, procurava manter distância dos homens influentes da época, que, ignorantes ainda, não conseguiam entender-lhe a Divina Missão.

– E houve algum fato desagradável com a desobediência daqueles que foram curados por Jesus? – perguntou a doce Helena.

– Sim. Isso contribuiu para encerrar a série maravilhosa das curas que Jesus realizava.

– Como assim? – interveio Isabel.

– As notícias chegavam ao conhecimento dos sacerdotes e dos rabinos com incrível velocidade. Daí surgiram as incompreensões, dando origem às ideias criminosas que culminaram na condenação do Cristo.

– O Mestre sabia de tudo, não é, vovó?

– Sim. Suas faculdades espirituais eram tão desenvolvidas, que lhe permitiam ver e sentir tudo através do espaço e do tempo. Sabia o que ia acontecer no mundo dentro dos séculos que viriam. Conhecia tão bem as criaturas, que podia ver o que fariam nos tempos futuros e o que fizeram nas mais longínquas épocas do passado. Por isso, quis exemplificar também a prudência aos trabalhadores de Sua Obra.

– Que dom maravilhoso, hein, D. Clara? – disse Leda.

– Não é propriamente dom, querida. Aquilo representava as conquistas realizadas pelo Cristo, através dos milênios.

– Que diferença existe entre dom e essas tais conquistas, D. Clara? – perguntou uma loirinha, sentada junto de Isabel.

– Dom, minha filha, significa alguma coisa que recebemos sem esforço, alguma dádiva oferecida por Poderes Superiores. Conquista quer dizer trabalho, luta, ideal, tudo funcionando em torno de uma causa grande e nobre.

É preciso que vocês compreendam que Deus não concede dons às Suas criaturas. Tudo o que possuímos em qualidades e desenvolvimento são obras do nosso próprio esforço, que o Pai abençoa e acresce misericordiosamente com oportunidade de serviço.

– Mas, vovó, e a história de hoje? Sai ou não sai?

– Calma, tem que ter mais paciência, minha neta. Mas vou iniciar a história de hoje, que, por sinal, não é grande.

– Isso, vovó! Muito bem!

– A história – prosseguiu D. Clara – tem por palco a Judeia. Traga o mapa, Isabel.*

A menina entregou o mapa num abrir e fechar de olhos. Estava ali mesmo, em cima do vaso...

(*) Mateus 19:13-15, Marcos 10:13-16 e Lucas 18:15-17.

– Vejam – disse vovó, abrindo o mapa. – A Judeia está ao sul de Samaria. Aqui, abaixo do Jordão, situavam-se várias localidades, por onde Jesus andara realizando curas e falando ao povo.

Naquele dia, Ele chegara da Galileia. A viagem fora longa, como vocês podem ver aqui, no mapa. Além de tudo, como sempre, por onde passara, desenvolvera sua Divina Missão entre os homens.

– Pregando o Evangelho e curando os enfermos? – interrompeu Leda.

– Sim. Como dizia, *o Mestre havia chegado à pequenina cidade da Judeia. A multidão O cercava, como acontecia em toda parte por onde passava. Alguns enfermos ali se achavam para serem tocados por Jesus.*

– Tocados? Que significa isso, vovó?

– A fama das curas havia corrido a Palestina e ultrapassado as suas fronteiras. O poder de Jesus era tão grande, que bastava o simples toque de Suas mãos para levar a cura aos enfermos, e o povo sabia disso.

– Como se explica isso, Dona Clara? – interrogou Leda.

– Sua curiosidade é digna de elogios, minha filha. Amanhã explicarei esse detalhe que é, realmente, muito importante.

Continuemos com a história de hoje.

Pois bem – continuou D. Clara – , *eis que ali se reuniam mulheres, trazendo seus filhos pequeninos. Algumas delas se acercavam de Jesus e lhes pediam que tocasse nas cabeças de seus filhos. Queriam que os garotos fossem abençoados pelo*

Mestre. Alguma coisa falava ao carinhoso coração maternal que esse gesto de Jesus valeria para os filhinhos amados como eterna graça. Os discípulos do Cristo, porém, objetivando o descanso do Mestre, após aquela cansativa caminhada, pediram às mulheres que levassem dali seus filhos. E juntando a palavra à ação, afastavam-nas, à força de seus braços musculosos.

Jesus, todavia, com a serenidade característica de Sua voz e o magnetismo doce de Sua presença, disse aos discípulos: – Deixai vir a mim os pequeninos, porque o Reinos dos Céus é dos que se lhes assemelham.

A visão do Mestre alcançava o valor imenso da educação moral da infância. Via nas crianças a grande esperança do mundo.

– Que bom, hein, vovó? Quer dizer que nós, crianças, somos muito apreciadas por Jesus...

– Sim. Jesus é o Divino Amigo das crianças da Terra – confirmou vovó. – Mas, queridas, as horas passaram, e suas mães já devem estar impacientes pela volta de suas filhinhas.

Em todos aqueles rostinhos se desenhou uma nuvem de tristeza.

– Vamos, queridas... Quero um abraço de todas! Amanhã teremos nova história.

Em poucos minutos, a sala estava vazia, e a bondosa vovó começou a cochilar na sua cadeira de balanço.

O Filho do Régulo

Tema: O Poder da fé

> O Evangelho Segundo o Espiritismo
> Cap. XIX - *A fé transporta montanhas*
> Item 12 - *A fé divina e a fé humana*

As meninas comandadas por Isabel já se encontravam sentadinhas na sala de jantar da casa dela, aguardando com ansiedade a história prometida por Dona Clara.

– Vocês são muito atenciosas e inteligentes – disse vovó, de maneira carinhosa.

– A senhora é que é bondosa, D. Clara, imagine só aturar-nos todos os dias sem se cansar... – brincou Leda.

– Bem. vovó ficou de explicar-nos uma parte da história de ontem.

– E você se lembra qual era esse detalhe? – perguntou D. Clara à netinha Isabel.

– Sim, vovó. Queremos saber por que o simples toque das mãos de Jesus levava a cura aos doentes...

– Pois bem, vamos à explicação que vocês esperam. Jesus – continuou D. Clara – é um Espírito de imensa evolução. Os fluidos magnéticos que do Rabi se desprendiam eram tão puros, que proporcionavam elementos de

Mestre. *Alguma coisa falava ao carinhoso coração maternal que esse gesto de Jesus valeria para os filhinhos amados como eterna graça.* Os discípulos do Cristo, porém, objetivando o descanso do Mestre, após aquela cansativa caminhada, pediram às mulheres que levassem dali seus filhos. E juntando a palavra à ação, afastavam-nas, à força de seus braços musculosos.

Jesus, todavia, com a serenidade característica de Sua voz e o magnetismo doce de Sua presença, disse aos discípulos: – Deixai vir a mim os pequeninos, porque o Reinos dos Céus é dos que se lhes assemelham.

A visão do Mestre alcançava o valor imenso da educação moral da infância. Via nas crianças a grande esperança do mundo.

– Que bom, hein, vovó? Quer dizer que nós, crianças, somos muito apreciadas por Jesus...

– Sim. Jesus é o Divino Amigo das crianças da Terra – confirmou vovó. – Mas, queridas, as horas passaram, e suas mães já devem estar impacientes pela volta de suas filhinhas.

Em todos aqueles rostinhos se desenhou uma nuvem de tristeza.

– Vamos, queridas... Quero um abraço de todas! Amanhã teremos nova história.

Em poucos minutos, a sala estava vazia, e a bondosa vovó começou a cochilar na sua cadeira de balanço.

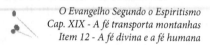

Tema: O Poder da fé

> O Evangelho Segundo o Espiritismo
> Cap. XIX - A fé transporta montanhas
> Item 12 - A fé divina e a fé humana

As meninas comandadas por Isabel já se encontravam sentadinhas na sala de jantar da casa dela, aguardando com ansiedade a história prometida por Dona Clara.

– Vocês são muito atenciosas e inteligentes – disse vovó, de maneira carinhosa.

– A senhora é que é bondosa, D. Clara, imagine só aturar-nos todos os dias sem se cansar... – brincou Leda.

– Bem. vovó ficou de explicar-nos uma parte da história de ontem.

– E você se lembra qual era esse detalhe? – perguntou D. Clara à netinha Isabel.

– Sim, vovó. Queremos saber por que o simples toque das mãos de Jesus levava a cura aos doentes...

– Pois bem, vamos à explicação que vocês esperam. Jesus – continuou D. Clara – é um Espírito de imensa evolução. Os fluidos magnéticos que do Rabi se desprendiam eram tão puros, que proporcionavam elementos de saúde e bem-estar às pessoas que se aproximavam Dele. De Seu coração jorrava constantemente um manancial de vida e luz. De Sua mente nunca saiu um pensamento mau. Eis por que toda gente se sentia bem ao Seu lado, com disposições novas para a paz e para o bem.

– A senhora deve ser assim também, D. Clara, porque a gente, quando está ao seu lado, não quer mais sair de tão bem que se sente... – afirmou a encantadora Helena.

– Não diga isso, minha filha, o Cristo está tão distante desta velha contadora de histórias, como o grão de areia da superfície está dos astros no Céu. Aliás, não há mesmo nenhum termo de comparação entre nós e Jesus...

Mas, vamos ao final da lição. Como dizia eu, o Mestre era todo um foco de luz, irradiando para todos luz e inspiração de Seu amor.

– Essas luzes de amor é que curavam os enfermos? – pergunta Leda.

– Sim, filha, emanando de Seu ser, penetravam os órgãos doentes das criaturas, levando-lhes à cura.

Naquele dia, em que mães, impacientes e apressadas, apresentaram os filhos para serem tocados por Jesus, o Mestre atendeu ao empenho daquelas mulheres. Depois de haver falado às crianças, com surpresa para os discípulos, foi-se dali.

D. Clara fez uma pausa, pois havia terminado a explicação e iria iniciar nova história. As meninas aguardavam em silêncio a história do dia. A bondosa velhinha ajustou os óculos e desdobrou o mapa, que se achava sobre a mesa.

– Agora – disse ela –, vamos a novo encontro com Jesus. A nossa história tem início com a saída do Mestre de Jerusalém, a grande cidade da Judeia, que vocês podem ver aqui no mapa...*

As meninas observaram o ponto indicado por D. Clara e permaneceram silenciosas. Dona Clara interpretou essa atitude como sendo a de que haviam encontrado a cidade no ponto indicado por ela. E não se havia enganado. Jerusalém era um ponto já familiar para as meninas.

– *Jesus* – prosseguiu Dona Clara – *achava-se no início de Sua gloriosa missão. A grande cidade fora para Ele uma decepção. Quantas baixezas encontrou ali, baixeza disfarçada de justiça! Homens gananciosos que nem respeitavam o templo sagrado de orações, para abrir caminho às suas ambições. Jesus sofrera muito naqueles dias que passou em Jerusalém, por isso, resolveu voltar à Galileia.*

A viagem era longa, porém, Ele nunca desanimara diante de quaisquer barreiras.

Assim, chegara a Caná, cidade pequena, situada ao sul de Cafarnaum, como vocês podem verificar no mapa...

Todos os olhares acompanharam o dedo indicador de Dona Clara, que apontava o local exato da cidade no mapa.

– *Ali, o Mestre encontrou muita gente que já O conhecia e que n'Ele depositava grande fé, em virtude de maravilhosos fatos realizados por Ele naquela cidade.*

Aconteceu estar em Caná um homem muito importante, que ouvira falar das maravilhas produzidas por Jesus. Empenhou-se, então, para falar ao Mestre. O seu intuito foi logo satisfeito.

(*) João 4:43-54.

- Quem era esse homem, vovó? – perguntou Isabel.

- Era um régulo, minha filha...

- Que é isso, vovó?

- Régulo era um alto funcionário do Império Romano. Nas terras conquistadas por Roma funcionava como um prefeito de nossos dias. Era como o rei de um pequeno território, entendeu?

- Sim, obrigada, vovó.

Aquele homem – diz Dona Clara, prosseguindo na história – *estava com um filho muito mal em Cafarnaum, cidade que vocês conhecem, através do mapa. A criança se encontrava muito mal mesmo. Os médicos mais famosos foram chamados à casa do doente, sem conseguir nenhum resultado satisfatório.*

Fácil imaginar-se o desespero do pai. Desesperançado e triste, falou a Jesus, pedindo-lhe que lhe curasse o filho.

Jesus conversou com o régulo por alguns momentos. Como sempre, todo Ele era uma vibração luminosa de amor. Tanto aquele homem, rico e importante, merecia interesse e carinho de sua parte, como os pobrezinhos que lhe vinham ao encontro. Não existia distinção.

O Mestre disse ao aflito pai que Lhe rogava a bênção da saúde para o filho moribundo:

– *Se virdes sinais e maravilhas, crereis.*

Assim era Jesus. Conhecia o íntimo das criaturas, lendo-lhes os pensamentos mais escondidos.

O representante de Roma tornou, então, ao pedido:

– *Senhor, descei comigo até Cafarnaum e curai meu filho.*

O coração do régulo encheu-se de alegria intraduzível.

O Mestre olhou o interlocutor com profunda compreensão e lhe acalmou a justificada preocupação, dizendo-lhe:

– Ide, vosso filho está salvo.

No dia seguinte, após apressada viagem, o régulo chegou à sua luxuosa casa. Alguns servidores lhe vieram ao encontro e lhe deram a ótima notícia: o pequeno filho estava sem febre desde a noite anterior.

O coração do homem se encheu de uma alegria impossível de descrever, tamanha era ela.

Contou tudo o que lhe havia ocorrido em Caná, verificando com a família, que a hora em que se dera a conversa com Jesus era justamente a que se verificara o desaparecimento da febre do menino.

Tanto o régulo, como todos os membros de sua família, tornaram-se grandes amigos de Jesus, e passaram a ter grande fé por tudo quanto o Mestre ensinava...

– Maravilhosa história, Dona Clara–afirmou Leda.

– A senhora bem podia contar outra, vovó...

– Por hoje terminamos, queridas, vocês precisam estar bem acordadas, pela manhã, por causa da escola, e já está ficando tarde.

– É verdade, D. Clara – confirmou Leda, levantando-se.

– Amanhã, vocês sabem, podem voltar.

Mais uma vez, os olhos cansados da vovozinha acompanhavam as garotas, que saíam porta afora e que tão dentro de seu coração se achavam.

O Verdadeiro Respeito

Tema: *Sempre observar o lado bom das coisas*

> *O Evangelho Segundo o Espiritismo*
> *Cap. X - Bem-aventurados aqueles que são misericordiosos*
> *Item 18 - A indulgência*

As histórias de Dona Clara já iam ficando famosas no pequeno círculo das amiguinhas de Isabel.

Assentadinhas nos seus lugares, já estavam as meninas, à espera da história do dia.

Dona Clara não se fez esperar. Começou logo a encantadora tarefa de transmitir belas lições às crianças de sua rua.

– Vocês ouvirão hoje outra das edificantes passagens da vida de Jesus, que se aproveitava de todas as oportunidades para ensinar inesquecíveis lições de moral.

O fato ocorreu numa daquelas costumeiras viagens do Mestre pelas terras da Palestina.

Um dia, passava Ele, na companhia dos discípulos, por extenso bosque, por onde deslizava o Rio Jordão.

Aqui e acolá surgiam belas florzinhas agrestes aos olhos encantados dos viajantes. A vegetação rasteira proporcionava bonitos contrastes com as árvores majestosas que por ali existiam.

Pedro, observando a beleza da paisagem, exclamou:

– As águas do mar da Galileia não são mais belas que esta paisagem fascinante!...

Felipe se surpreendeu com a observação, pois sempre tivera Pedro na conta de homem distraído dessas sutilezas. Foi por isso que se interpôs alegremente:

– Olá, Pedro! Pensava eu que tinhas olhos apenas para as coisas práticas da vida... Na verdade, é empolgante o espetáculo que temos diante dos olhos!

O Mestre permanecia em silêncio, ouvindo a palestra dos discípulos. Caminhava com Seu passo suave e tranquilo e aspirava o perfume puro das flores e dos vegetais, tendo os olhos sempre voltados para a frente, como que a indicar os deveres que os aguardavam na distância do caminho a percorrer.

Agora, foi o jovem João quem parou de súbito, a fim de apreciar mais de perto uma vergôntea, que desabrochava à margem do rio. Seu primeiro impulso fora o de apanhar uma daquelas perfeitas folhas e levá-las para plantá-la em sua residência, em Cafarnaum. Conteve-se, porém, pensando não ser justo retirar a plantinha saudável de onde nascera para expô-la a possível morte.

63

Jesus observou o discípulo querido e o leve sorriso que se desenhou em seus lábios, bem traduzia a íntima satisfação do Mestre.

Mais adiante, Pedro, que andava a passos largos, de repente parou e, em seu rosto, demonstrava que sentia nojo de alguma coisa que vira no caminho. Ali mesmo, encontrava-se o cadáver de um cão, que exalava mau cheiro, em adiantado estado de decomposição.

Aproximaram-se, rapidamente, os demais companheiros, inclusive o Cristo.

Pedro, querendo poupar o Mestre de presenciar aquele triste estado em que o cachorro se encontrava, procurou afastá-lo dali.

Jesus, todavia, acercou-se dos colaboradores amados e pôs-se a fitar o animal morto, como se estivesse diante de uma criatura humana. Sempre fora amigo dos bichinhos que encontrava, protegendo-os e acariciando-os.

Naquele momento, o cãozinho se tornara o centro do interesse geral. Mas as reações eram bem diversas e se expressavam na fisionomia e nas atitudes de cada um.

Jesus tinha os olhos mansos e cheios de piedade pelo ser que jazia no chão.

Os discípulos, com os dedos pressionando as narinas para não sentirem tanto o horrível cheiro de carne apodrecida, deixavam a entender que estavam ansiosos por sair daquele lugar. Foi quando Pedro falou, com uma careta de nojo:

64

– *Como cheira mal esse cão!*

O Mestre retrucou, suavemente:

– *Que bela dentadura possui ele!*

Os olhares todos se voltaram para as magníficas fileiras de dentes do animal. Havia surpresa e fascínio na observação. Parecia aos discípulos que o Mestre lhes mostrava um tesouro desconhecido.

A lição ensinada por Jesus, naquele momento, causara efeito benéfico na alma daqueles homens rudes, que compreenderam a necessidade de ver em tudo o lado belo, esquecendo a crítica improdutiva e o espírito de maldade.

O Mestre prosseguiu, afirmando o desejo de encaminhar os companheiros no caminho da compreensão:

– *Estivestes todos empolgados com o encanto da Natureza em festa primaveril, esquecendo que devemos respeito e amor por todos os elementos da Criação Divina. O coração humano está sempre pronto para amar o belo e desvalorizar o que lhe parece feio. Entretanto, não raro, encontra decepções dolorosas e pode até cair no abismo enganoso das aparências...*

A lição falara fundo nos corações dos discípulos. Movidos por disposições muito diversas daquela que há bem pouco os animava, dispuseram-se a enterrar o animal, auxiliados pelo Mestre.

Dentro de meia hora, continuaram a viagem interrompida.

Mas agora, seguiam o caminho, cabisbaixos e silenciosos. Meditavam na sublime lição que acabavam de receber.

Dona Clara terminou a história sem nenhuma interrupção das meninas. O fato a estranhou um bocado, mas Leda explicou:

– A senhora não trouxe mapas, nem explicou o caminho percorrido pelos viajantes...

– Ah, sim, filha. Esclareço, porém, que a história de hoje não pertence aos Evangelhos sinópticos nem ao Evangelho de João, e não existem dados concretos acerca do local onde se verificou a excursão de Jesus.

– Sinóptico? Que quer dizer essa palavra? – interrogou Isabel, dando a entender que era a primeira vez que a ouvia.

– Fica essa deixa para amanhã. Está entendido? – propõe a paciente vovozinha.

As meninas se despediram, saindo o grupo com a alegria costumeira, a comentar a bela história que ouviram.

Dona Clara ficou a meditar na confortadora tarefa que a si mesma se impusera e agradeceu a Jesus a oportunidade de servi-Lo humildemente, através do aprendizado, cheio de entusiasmo, daquelas meninas encantadoras...

Um Espetáculo inesquecível

Tema: Ressurreição e reencarnação

> *O Evangelho Segundo o Espiritismo*
> *Cap. IV - Ninguém pode ver o reino de Deus se*
> *não nascer de novo*

Mais uma vez, a pequena assembleia infantil se reunira em torno da grande mesa da sala de jantar, em cuja cabeceira se encontrava D. Clara.

As cabecinhas inquietas ansiavam pelo instante em que ouviriam mais uma das belas histórias da querida vovó de Isabel.

Dona Clara, indo ao encontro do interesse das meninas, iniciou a sua tarefa.

– Queridas, vocês gostaram da última história?

Uma só palavra saiu de todos os lábios, como se fosse um jato de água que se desprende de uma cascata:

– Gostamos!

– Voltemos, então, para a parte da história, onde havíamos parado. Vou explicar o sentido do termo sinóptico, conforme prometemos ontem – disse D. Clara.

Essa palavra vem do grego *synoptikós* e quer dizer *que de um só golpe de vista abrange várias coisas*. Os três primeiros Evangelhos, de Mateus, Marcos e Lucas, apresentam estrutura semelhante, com grande parte dos seus textos em comum, o que se evidencia quando são impressos em três colunas na mesma página, constituindo uma sinopse. São, por isso, chamados de *Sinópticos*.

Assim, tudo quanto aprendemos no Novo Testamento, que reúne os quatro Evangelhos – os Sinópticos e o de João –, e mais 23 livros, inclui o testemunho daqueles que viveram ao lado de Jesus e foram Seus discípulos, bem como outros que foram seguidores dos Apóstolos.

– Mas a senhora nos disse que a história bonita de ontem não faz parte dos Evangelhos Sinópticos... – lembrou a graciosa Leda.

– Realmente, filha. O que lhes contei ontem faz parte dos Evangelhos Apócrifos...

– Apócrifos?! Explique-nos isso, vovó!

– Pois não. Apócrifo vem também de uma raiz grega: *apo*, que significa *lado, margem*.

Assim, apócrifo quer dizer aquilo que foi colocado à margem. Entenderam?

– À margem? Como? – interrogou Helena.

– Isto significa que os Evangelhos Apócrifos são assim chamados, porque foram rejeitados pelos padrões da Igreja de Roma.

Mas vamos agora à lição de hoje.

Voltemo-nos a uma das viagens de Jesus e de Seus discípulos à Galileia.*

Aproximavam-se os dias aflitivos da condenação do Mestre.

(*) Mateus 17:1-13, Marcos 9:2-13 e Lucas 9:28-36

Um dia, saiu o Cristo na companhia dos três companheiros: Pedro e os irmãos Tiago e João.

O Mestre caminhava à frente, como que buscando remover os possíveis obstáculos do caminho.

Os discípulos seguiam seus passos, como na realidade o haveriam de fazer, durante os dias que teriam de viver sem a companhia luminosa do Mestre.

Jesus atingiu o alto de pequeno monte. Era o Monte Tabor.

A bela vegetação dava ao local aspecto festivo e atraente. Do gramado macio e fresco subia o perfume das coisas puras. Respirava-se doce emanação do oxigênio vivificante. Enquanto lá embaixo, as ambições tornavam sombria e triste a paisagem natural da cidade, ali, o frescor limpo e puro dos vegetais agrestes iluminava o meio ambiente.

Os discípulos sentiram a beleza daquele instante, que nunca puderam esquecer.

O Mestre se adiantou na escalada do Monte e agora aparecia aos companheiros com as faces luminosas e brilhantes como o próprio Sol. A Sua túnica se tornara um conjunto de luzes. O espetáculo era de extraordinário esplendor. O Cristo se apresentava envolvido num manto de claridades indescritíveis.

Os discípulos, emudecidos pela emoção, admiravam o Mestre como que fascinados.

Inesperadamente, apareceram-lhes Moisés e Elias. Ambos conversavam com Jesus sobre as injustiças e maldades dos homens. Sabiam que o Cristo viveria na cruz o grande drama da crueldade humana. E ali se achavam para dar ao Mestre o testemunho da solidariedade.

De súbito, uma nuvem luminosa se fez e dois grandes personagens da Bíblia surgiram daquele bojo resplandecente...

Os discípulos caíram de bruços, quando, poucos instantes depois, uma grande nuvem luminosa envolveu os personagens daquela cena inesquecível.

Ouviram, então, uma voz dulcíssima, que dizia:

"Este é o meu amado Filho, em quem me comprazo. Escutai-O!"

– Que cena maravilhosa! – exclamou Leda, enquanto D. Clara fizera pequena pausa.

– Realmente, a cena do Monte Tabor, em que os olhos maravilhados dos discípulos presenciaram a transformação do Rabi, é uma das mais emocionantes páginas dos Evangelhos.

Quantos ensinamentos podemos retirar daquela visão dos Céus!

– Verdade, vovó? A senhora vai nos dizer agora, não é?

– Não, filha. Amanhã teremos tempo de sobra para comentar a lição desta noite...

– Já sabemos – afiançou Leda, alegremente –, amanhã tem escola e teremos que acordar bem cedinho...

– Você adivinhou, filha. Quero muito bem a vocês e não quero que tenham dificuldade em acordar pela amanhã e, muito menos, que fiquem com sono durante as aulas na escola... Suas mães iriam ficar umas feras comigo!

Uma risada geral ecoou pela sala, que, em poucos instantes, ficou vazia.

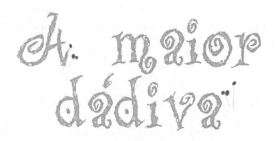

A maior dádiva

Tema: Caridade e solidariedade

O Evangelho Segundo o Espiritismo
Cap. XIII - Que a vossa mão esquerda não saiba o que dá a vossa mão direita
Item 5 - O óbolo da viúva

– Vendo-as aí sentadinhas e quietas, sinto-me tão alegre que me disponho a acreditar na beleza do futuro do mundo. Porque em vocês, crianças, reside toda a grande esperança em dias melhores. Entretanto, há tantas meninas e meninos por aí a fora, perdidos por falta de orientação segura...

Dona Clara, mais uma vez, ali se achava falando às crianças com a doce serenidade dos que amam verdadeiramente.

– Vovó, não nos esquecemos da história que a senhora ficou de concluir...

– Nem eu, tampouco, querida. Vamos às lições que podemos tirar da maravilhosa transfiguração do Mestre, no Monte Tabor. Isto, naturalmente, de acordo com o entendimento. Mais tarde, muitas coisas serão melhor compreendidas por vocês.

72

Lembram-se de como o rosto de Jesus ficou iluminado e como apareceram ao seu lado os Espíritos Elias e Moisés, não é mesmo?

Pois aquele fato, que pode parecer milagre a pessoas menos esclarecidas, é muito comum nos ensinamentos do Espiritismo. É o caso da materialização dos fluidos pelos Espíritos, que amoldam esses elementos retirados da Natureza, dos homens ou do Plano Espiritual. Podem aparecer, assim, com o corpo que ocuparam na última existência, ou são vistos sob outras formas. Outras vezes, podem ser observados envolvidos por grandiosa beleza, cuja amplitude é ainda desconhecida no nosso mundo.

Essas transfigurações podem ocorrer também com pessoas encarnadas, que assumem aspectos diversos da sua própria fisionomia. Algumas vezes, os Espíritos lhe emprestam a sua forma e essas pessoas podem ser vistas com um rosto e um corpo desses Espíritos...

– Que coisa interessante, vovó! – exclamou Isabel, que estava muito atenta e impressionada, como acontecia sempre quando ela não entendia rapidamente uma lição nova que lhe era ensinada.

– Quer dizer, então, que no Monte Tabor houve os dois fenômenos – a materialização e a transfiguração? – perguntou Leda, que estava se revelando uma mocinha compenetrada e de raciocínio rápido.

– Sim, minha querida, apenas com uma diferença: a transfiguração do Mestre foi o resultado da emanação da sua própria luz espiritual a expandir-se maravilhosamente em clarão intenso.

A uma verdadeira sessão espírita foi o que os Após-

tolos assistiram no Monte Tabor – acrescentou Dona Clara.

– Viram eles os Espíritos materializados e falando como nós, além de presenciarem a resplandecente transfiguração do Mestre...

Agora, filhas, vamos à história que reservei para esta tarde.

Certa vez, Jesus se encontrava defronte ao Templo, em Jerusalém, na companhia dos discípulos. Naquela hora, eles aproveitavam de relativa tranquilidade, porque o povo estava com a atenção voltada para as solenidades religiosas. Grande número de pessoas entrava no Templo e outras tantas de lá saíam.

Jesus falava aos companheiros. Em volta d'Ele, muitas pessoas, atraídas pela Sua notável serenidade, distribuíam-se, buscando pelas belas palavras de vida que Lhe saíam do coração misericordioso.

– Sempre há, em nossa alma, um lugar para o Amor, em todas as situações que a vida apresente.

O criminoso pode cultivar as claridades divinas do Bem, mesmo reconhecendo-se em falta perante o Pai. Buscando a recuperação, através da indulgência, vai ele adquirindo os valores que o reabilitarão aos olhos de Deus.

O Bem pode ser realizado por todos, como instrumento maior de salvação.

Essas palavras do Mestre penetraram aqueles corações humildes, porém, um dos discípulos indagou, possuído de legítimo interesse de assimilar o sentido daquela afirmação:

– Como podem as criaturas, que nada possuem de seu, auxiliar o seu próximo?

– À florzinha que brota no campo ou no jardim ninguém pede coisa alguma. Ela, no entanto, dá muito. Longe da atenção dos homens, por insignificante e humilde que seja, a florzinha oferece o perfume a quem passa e consegue sensibilizar os corações mais rudes com a beleza frágil de suas pétalas. Assim, vai oferecendo a própria vida a todos. Aos que notam a sua presença e aos que nem sequer se apercebem de sua existência breve.

Enquanto Jesus falava ao discípulo, aproximara-se do Templo grande número de pessoas para depositar no cofre, próximo à entrada, suas oferendas. Homens ricos, desejosos de se fazerem notados, mostravam-se excepcionalmente pródigos. Volumosas quantias iam deixando na caixa do Templo.*

Aconteceu, porém, no justo momento em que Jesus falava da caridade despretensiosa e desinteressada, passar uma pobre mulher viúva, que também depositou a sua esmola. Deixara no cofre as duas únicas moedas que possuía, que eram de pequeníssimo valor.

– Vede, amados discípulos! Ali está a flor modesta e generosa a dar-se inteira, num tocante gesto de desprendimento.

– Como se dá tal fato? – indagou Pedro. – Essa

(*) Marcos 12:41-44 e Lucas 21:1-4.

pobre mulher vale mais que todas as moedas que depositaram no cofre?

– Disseste bem, Pedro. Porque quem dá tudo o que possui, sem pensar em interesses próprios, é que já superou o plano comum da Humanidade terrena.

Compreendendo a profundeza da advertência, Pedro se calou, sem mais exigências.

A lição falara fundo em todos os corações, naquele dia, e atravessou os tempos, chegando até nós, constituindo-se em preciosa fonte de estímulos ao nosso esforço no Bem.

*

– Que bela história tivemos hoje! – exclamou Helena, de seu cantinho.

– Aliás, todas as histórias da vida de Jesus são maravilhosas – afirmou Leda, levantando-se.

As meninas abraçaram D. Clara, que as beijou com imensa ternura.

Ninguém se lembrou de solicitar nova história para o dia seguinte.

É que as meninas já sabiam que poderiam contar com as histórias da vovó de Isabel.

E amanhã seria um novo dia, pleno de encantamentos, ao lado de D. Clara.

A Necessidade Real

Tema: O que realmente importa

> *O Evangelho Segundo o Espiritismo*
> *Cap. XVI - Não se pode servir a Deus e a Mamon*
> *Item 14 - Desprendimento dos bens terrenos*

Um forte resfriado impediu D. Clara do convívio agradável das meninas por alguns dias.

Mas, agora, livre do incômodo resfriado, ali se achava, rodeada da alegre turminha que Isabel reunira.

As crianças apresentaram, à bondosa vovó de Isabel, os sinceros desejos de seus coraçõezinhos. Todas queriam que a amada velhinha ficasse completamente restabelecida no mais breve tempo.

– Vamos hoje relembrar um dos mais belos episódios da vida de Jesus – disse D. Clara.

– Vocês já conhecem a situação da Judeia, no mapa da Palestina. Busquemos hoje um povoado, que tinha por limites Jerusalém a oeste e Jericó a leste.

Ali, entremos em contato com duas lindas moças, que viviam numa casa humilde, porém,

78

muito limpa e arrumada com bom gosto. As paredes claras e as flores que enfeitavam os vasos de boca larga davam à sala um aspecto festivo, oferecendo sugestões de bem-estar espiritual aos que visitavam as duas irmãs.

As duas moças eram muito estimadas pelos moradores do povoado, a que davam o nome de Betânia.

A mais nova possuía belos olhos sonhadores, frequentemente voltados para um ponto distante e desconhecido. Seu coração estava sempre buscando as belezas imortais da alma.

Naquele tempo, não era permitido às mulheres o cultivo dos conhecimentos que as escolas proporcionavam. Por essa razão, a jovem não frequentava aulas, onde pudesse receber o pão da instrução. Ela procurava preencher essa falta na companhia de homens cultos do lugar, com os quais conversava horas e horas.

A irmã mais velha não compreendia bem os ideais da jovem e irritava-se frequentemente com o descaso da irmãzinha nos problemas domésticos. Não raro, estava sozinha nos arranjos da casa e nas tarefas da cozinha, porque a outra se interessava mais pelas conversas com os vizinhos.

Certa manhã, chegara à casa das duas irmãs um hóspede muito querido.

Vinha com as sandálias empoeiradas e rotas. Sua roupa era de linho grosso, tecido em tear manual.

Havia andado muito pelos caminhos da Judeia e viera com o objetivo de aproveitar, por algumas horas, do convívio daquele lar hospitaleiro.

As duas moças receberam o viajante com grande alegria. A mais nova, especialmente, sentia-se sonhando acordada, quando abraçou o amigo muito amado.

- Quem era ele? - perguntou Isabel.

- Jesus- respondeu D. Clara com simplicidade.

- Que maravilhosa sorte a de ter Jesus como hóspede, hein, D. Clara? - interveio Leda.

Realmente, filha. Entretanto, qualquer uma de vocês pode hospedar o Mestre.

- Como?! Se Ele já morreu há tantos séculos! - admirou-se Helena.

- Jesus não morreu, filha. Ele permanece bem vivo no coração daqueles que O amam. Digo-lhes que o Mestre pode ser hóspede de qualquer de nós. Para isso, basta que observemos os Seus ensinamentos, inspirando-nos nos exemplos que Ele nos deixou. Compreenderam?

- É muito difícil, então, tornar-se hospedador de Jesus - diz Leda.

- A gloriosa situação de quem tem Jesus como hóspede compensa todos os esforços e todos os sacrifícios, filha. Mas vamos ao encontro das duas jovens e de Seu luminoso hóspede...

Assim que o Mestre chegou, a mais jovem se sentou ao seu lado numa caixa de madeira, cuja pequena altura permitia à moça colocar-se abaixo de Jesus, que ocupava uma cadeira rústica. A moça não perdia uma só das palavras do Mestre, enquanto a outra se entregava aos arranjos da casa.

Jesus disse à moça, sempre interessada nos problemas mais altos:

— Filha, caminhei muito hoje. Senti saudades do Jordão e dos amigos de Betânia. Já reparaste em como a Natureza reflete a Bondade do Pai? Estive às margens do rio e vi, no espelho límpido das águas, o fluxo da paciência e da Misericórdia Divina ali retratado.

Nenhum obstáculo impede a continuidade da corrente d'agua, que desliza sem descanso no leito sinuoso. Nenhuma preocupação interrompe a magnífica energia do rio na sua marcha edificadora.

Assim devem ser as pessoas. A busca permanente dos motivos eternos e salvadores do Espírito deve sobressair às perturbações de ordem terrena e humana.

Assim, filha, deves continuar a ser. Não te detenham as insinuações transitórias do mundo. A solução dos problemas da alma tê-la-ás no manancial eterno da Sabedoria que se chama Amor.

Penetra o sentido dessa palavra mágica, observando os princípios de fraternidade.

Leva um pedaço do pão de tua mesa ao próximo, a quem falta o necessário.

Põe um sorriso de esperança nos lábios dos tristes.

Trata com carinho as aves que buscam abrigo seguro no teu quintal.

— Mestre, como sabes penetrar os anseios do meu coração! Há muito que procuro a verdadeira ciência da vida e agora Tu me vens ofertá-la sem

que eu nada Te pedisse... – falou docemente Maria, a irmã mais nova, com os olhos brilhantes de santa emoção.

Marta, a outra irmã, nesse momento, acerca-se dos dois, dizendo ao Mestre:

– Senhor, faze com que minha irmã venha ajudar-me nos arranjos da casa. Dá-lhe conselhos, em nome de Deus.

Jesus dirigiu o olhar sereno para a moça que falava e lhe respondeu:

– Marta! Marta! Tu te preocupas com muita coisa, entretanto, bem pouco, ou antes, uma só coisa é necessária. E Maria acaba de receber a melhor porção.

– Que única coisa era necessária, D. Clara? – indagou Leda.

– Era justamente aquela preciosa lição com que o Mestre brindara Maria.

Na verdade – continua D. Clara –, de uma só coisa constitui o determinismo de Deus: o Bem.

Esse é o único caminho que nos conduz ao Pai.

Terminada a história daquela noite, as meninas ficaram ainda, por alguns minutos, comentando as belezas do ensinamento, na encantadora demonstração de expressivo contentamento.

Vovó se encontrava um pouco enfraquecida e se pôs a cochilar na confortável cadeira de balanço, que sempre ocupava, e não viu quando as garotas deixaram a sala, pé ante pé.

O Melhor Presente

Tema: A mais bela oferenda

O Evangelho Segundo o Espiritismo
Cap. X - Bem-aventurados aqueles que são misericordiosos
Item 7 - O sacrifício mais agradável a Deus

– Vovó, as meninas, hoje, não virão com essa chuva – disse, tristemente, Isabel, na previsão de que não ouviria história naquela tarde escura.

Mas a bondosa vovó interrompeu os maus pressentimentos da neta, dizendo:

– Que tem isso, querida? Podemos continuar com as histórias. Não está você de acordo?

– Por certo, vovozinha! Que bom! Receava que a senhora não contasse histórias hoje...

– Hoje, contarei um episódio encantador que ouvi, há muitos anos, quando era menina como você...

– A senhora é admirável! Não se esquece de nada, vovó!

– Pelo contrário, filha. A idade vai lavando a memória da gente e retirando páginas e mais páginas do grande livro de nossa vida...

84

Dona Clara, então, iniciou a bela história da noite para a netinha adorada, que era toda ouvidos.

Certa vez, Jesus saíra na companhia dos discípulos para uma viagem longa. Iriam a várias cidades da Judeia.

O nome do Mestre era falado de boca em boca. Não havia uma só pessoa, naquelas paragens, que não conhecesse a fama das coisas admiráveis que Jesus realizava.

As crianças conheciam-No através do entusiasmo dos pais e estavam sempre buscando a companhia do Mestre Amado.

Por onde passava, havia sempre meninos para festejá-lo alegremente.

Naquela excursão realizada por Jesus, teve Ele bonitas surpresas.

Numa tarde, quando deixava as portas de Jerusalém e atingira um campo bem cuidado, um grupo de meninos foi ao Seu encontro. Um deles falou:

— Senhor, somos filhos dos humildes camponeses que cuidam destas lavouras. Ouvimos falar no Vosso Nome e, há muitos dias, aguardamos a Vossa passagem por aqui, pois recebemos a visita de um vizinho que nos deu a boa notícia de Vossa presença em Jerusalém.

A bondade de nossos pais nos permitiu assinalar o grande acontecimento. Cada um de nós desejava depor nas Vossas mãos um presentinho...

Assim falando, o belo menino, de olhos e cabelos negros, aproximou-se do Mestre e Lhe entregou

um feixe de trigos maduros. Outro menino ofereceu uma cesta de bonitas tâmaras a Jesus.

Um outro menorzinho se adiantou, timidamente, e colocou aos pés do Messias um vaso de suco de uvas.

Uma criança, que permanecera à distância, também veio ao encontro do Cristo, mas trouxera as mãos vazias.

O primeiro menino o abordou:

– Que vergonha, Davi! Nada trazes para o Mestre...

– Nada tenho para oferecer – respondeu o menino, baixando a cabeça, muito envergonhado.

Jesus, então, aproximou-se do garoto, acariciou-lhe os cabelos encaracolados e lhe levantou carinhosamente o queixinho, dizendo:

– Não fiques triste, porque dos quatro, tu foste o que me brindaste com o melhor presente...

E ante os olhares cheios de surpresa dos demais, o Mestre explicou:

– O menino que me trouxe estas formosas espigas exigiu de seu pai uma parte que não merecia. Desde o preparo da terra até as tarefas do plantio e das limpezas periódicas da lavoura, o pai trabalhou sozinho, sem a colaboração do filho, que no final ainda lhe exige parte do produto desse trabalho rude e cansativo.

O mesmo aconteceu ao que me ofereceu estas deliciosas tâmaras. Nunca soube das dificuldades que o pai enfrenta nas longas viagens ao deserto, de *onde traz cargas pesadas de frutas para vender, a fim de garantir a subsistência da família numerosa.*

Finalmente, o outro, que me brindou com este vaso de nutritivo e saboroso suco, jamais atendeu aos deveres de cooperação com o pai nos pesados trabalhos da vinha.

Nenhum dos três, portanto, tinha o direito de pedir aos pais os presentes que me trouxeram.

Compreendestes, filhinhos, por que o último me proporcionou o melhor presente?

E a voz macia e sonora do Mestre penetrava os ouvidos infantis, tomados de surpresa.

De fato, o menino Davi, acima do desejo de ser agradável ao viajante, havia pensado na sua condição de pobre. E tinha consciência de que cometeria uma injustiça para com sua mãezinha viúva, se lhe exigisse algo para o qual não contribuíra com o esforço próprio.

– Este sim – confirmou Jesus, passando as mãos brancas nas faces do menino, num gesto de imensa ternura – trouxe a bela oferenda de uma consciência que começa a agigantar-se, buscando a compreensão prática da Justiça Eterna.

Os outros três se puseram a caminho, cabisbaixos, e, apreensivos, nunca puderam esquecer aquela preciosa lição.

O Que Jesus Nos Pede

Tema: Oração e merecimento, através da ação pelo bem

O Evangelho Segundo o Espiritismo
Cap. XXVII - Pedi e obtereis
Item 5 - Eficácia da prece

Isabel buscara o aconchego carinhoso da avozinha, ciente de que, mais uma vez, a turminha do bairro estaria ausente. É que as chuvas prosseguiam no seu trabalho de lavar a face suja do Planeta...

Dona Clara aconchegou a netinha num abraço cheio de ternura e lhe disse:

– Você quer ouvir histórias mesmo sem a companhia das amiguinhas?

– Quero sim, vovó!

– E me garante que não sentirá sono?

– Que pergunta, vovó! Imagine só, eu pensar em dormir quando a senhora conta bonitas histórias...

– Pois bem, então ouça.

O pequeno Zacarias era um menino muito

89

obediente. *Toda a vizinhança o estimava muito, porque estava sempre pronto para servir, além de ser delicadíssimo no trato com as pessoas e animais.*

A mãe do menino se chamava Ester e ainda era moça e bonita. O pai, Joeb, era um homem de trinta anos, que ganhava a vida nos rudes trabalhos do campo.

Enquanto o pai trabalhava, Zacarias ajudava a mãe nos serviços do lar e estudava.

Crescia, assim, exercitando suas habilidades num ambiente de trabalho e pureza.

Certa vez, a mãe adoeceu gravemente, e Joeb foi obrigado a fazer uma pausa nas lides do campo, a fim de proporcionar à esposa a assistência indispensável. As economias do casal não eram suficientes para permitir ao marido contratar os serviços de um médico.

Assim, passavam-se os dias, e a saúde de Ester apresentava graves sintomas.

O marido começava a desesperar-se. Que poderia fazer naquela situação angustiosa?

Zacarias participava da preocupação do pai. Seu coração de filho que muito ama estava passando por pesada angústia. Às vezes, o menino se escondia nos cantos da casa para chorar, longe da vista do pai aflito.

Certa manhã, em que o Sol dourava ainda mais o chão amarelo de Betânia, Joeb disse ao garoto:

– Zacarias, meu filho, a lavoura está ameaçada pelas ervas daninhas, e sua mãe continua mal. Que sugeres? Devo ir ao campo ou continuar ao lado de Ester?

– Fica junto de mamãe, enquanto irei substituir-te na lavoura – foi a resposta pronta do menino.

– Mas como, filho? Não chegaste ainda aos dez anos! Aonde vais arranjar forças para o rude trabalho da enxada?

– Não penses nisso, pai. Não te aflijas, porque tudo há de correr bem. Até mamãe vai ficar boa logo.

– Quem te disse isso, filho? – indagou Joeb, impressionado com o tom firme da voz de Zacarias.

O menino observou com íntima alegria o brilho de esperança nos olhos negros do pai e esclareceu:

– Tenho pedido muito ao Nazareno para curar mamãe...

– Onde o encontraste? Dizem que não existe nada mais difícil que um encontro com esse Jesus que não conhecemos.

– Eu não O encontrei, pai. Faço meus pedidos por meio de minhas orações...

– Entretanto, Jesus não apareceu... – diz Joeb, tristemente.

– Mas aparecerá! Assim me diz o coração – afirmou o menino em tom vivo e convicto, enquanto pegava a enxada.

Dentro de pouco tempo, estava a caminho da roça do pai.

A tarefa daquele primeiro dia deixara grandes bolhas nos dedos do menino. As mãos apresentavam manchas avermelhadas e doíam. Mas Zacarias estava muito satisfeito por sentir-se útil aos queridos pais. Durante as horas de serviço, o pensamento estava sempre na mãezinha enferma. Coitada! Estava tão abatida!... Cada dia parecia mais magra. E se Jesus não atendesse ao seu pedido? Não, tal coisa não aconteceria. Por que, então, aquela certeza perfumando o coração do menino?

Esses pensamentos visitavam a cabecinha de Zacarias quando, qual homenzinho, regressava ao lar, de volta do trabalho.

Quando se encontrava a uns cem metros da casinha humilde, encontrou-se com um moço muito belo, que lhe tomou as mãozinhas feridas e as beijou longamente.

O menino, encantado e sob as impressões da alegria e da timidez, ouviu a voz suave e cheia de sonoridade divina do desconhecido:

– Zacarias, tua mãe está salva. Ela deve agradecer o fato ao teu coração de filho abnegado.

Aquele homem alto, em cujo olhar Zacarias contemplava uma luz mais brilhante que a do Sol, falou ainda:

– Há muito tenho escutado as rogativas de tua alma, porém, esperava o instante em que o primeiro sacrifício saísse de tuas mãos. Porque somente àqueles que se dispõem à ação, dentro do Amor, é que Deus, o Pai Misericordioso, permite as grandes bênçãos. É preciso fazer alguma coisa para merecer o olhar de Bondade do Pai.

Zacarias compreendera que estava diante do Cristo e se jogou de joelhos aos Seus pés, beijando--lhe as sandálias surradas.

Jesus o levantou carinhosamente e lhe apontou o caminho do lar, sem mais uma palavra.

O menino tomou o caminho indicado, com os olhos marejados de lágrimas e o peito arfando em soluços incontidos.

Em casa, a doce mãezinha aguardava o filho com as faces bonitas, mostrando o expressivo brilho da saúde que voltara.

– Essa é a história mais bonita de seu repertório, vovó!

– Sim? E você entendeu bem a lição que ela encerra?

– Mais ou menos, vovozinha.

– Vá deitar-se, querida. Amanhã, falaremos no assunto novamente.

– Pois não! A senhora é quem manda...

E lá se foi, depois de depositar um estalado beijo nas faces envelhecidas da vovó...

Amor Com Amor Se Paga

Tema: Amor nos laços de família

O Evangelho Segundo o Espiritismo
Cap. XIV - Honrai a vosso pai e a vossa mãe
Item 3 - Piedade filial

Algumas meninas se reuniram a Isabel para ouvir as histórias de D. Clara. A boa velhinha as saudou, carinhosamente, na demonstração mais expressiva de sua ternura inesgotável.

– Eu já estava com imensa saudade de vocês, queridas filhas! Então, como passaram esses dias de chuva, hein?

– Muito mal – adiantou Leda –, pois não pudemos ouvir as maravilhosas histórias de Jesus, que a senhora conta...

– Não lastime o fato, Leda, pois ainda não morri e poderei contar muitas histórias para vocês.

– Para que elas não saiam perdendo, eu contarei as histórias que não puderam ouvir, não é, vovó? – lembrou Isabel com entusiasmo.

– Muito bem! Você teve ótima ideia. Enquanto você conta essas histórias, estará registrando-as na memória...

95

E dona Clara esperou pacientemente que a netinha recordasse os episódios descritos nos dias anteriores. De vez em quando, entrava no assunto para enfatizar um e outro detalhe importante que Isabel deixava ficar para trás.

– Passemos agora à história de hoje – disse a bondosa velhinha.

– Muito bem! – aplaudiram as meninas.

Quando Jesus andava pela Judeia, encontrou, certa vez, uma menina enferma. Estava ela nos braços da mãe, porque era paralítica.

A mãe havia andado muitas milhas para vir à presença do Mestre. A criança era muito formosa. Ela tinha lindos olhos azuis e a face macia como o cetim. Bem se notava que a menina não era judia. Viria, com certeza, de alguma leva de peregrinos de distantes terras do norte. O certo é que ali se achava e facilmente podia ser avaliado o extremo estado de miséria em que viviam, mãe e filha.

Vencendo, com dificuldade imensa, a grande quantidade de pessoas, que formavam a multidão, ao redor de Jesus, a pobre mãe se aproximou final-mente do Cristo, mostrando-lhe a preciosa filhinha, com um misto de orgulho e dor. Os olhos cansados e tristes da infeliz pareciam dizer:

– Vede, Senhor, como é bela a minha filhinha! Curai-a, pelo Amor do Pai!

Jesus, que sabia tudo quanto ia nos pensa-mentos das criaturas, dirigiu-se à mãe aflita:

– Sim, mulher, tua filha é muito linda e tua fé luminosa é digna das Bênçãos Divinas!

– Oh, Senhor! Então, ides curar a pobrezinha? – acentuou a pobre mãe, num arroubo de alegria, misturada à esperança.

– Aproxima a pequenina. Quero vê-la de perto...

A mulher se arremessou para junto do Mestre como náufrago que se atira aos braços salvadores que acenam carinhosamente.

Jesus tomou a menina nos braços. Ela contava de quatro a cinco anos. Derramava um olhar muito claro e suave no belo rosto de Jesus. Parecia interrogar àquele semblante amigo sobre problemas que ela própria não sabia quais fossem.

Um sorriso leve apareceu nos lábios de Jesus. Depois, acariciando de manso, com o queixo, as madeixas douradas da menina, disse-lhe:

– Queres sarar, pequena?

Os olhos da menina se abriram, iluminados pela alegria que os inundara. Ela respondeu que sim, com um aceno da cabecinha loura.

– Por que queres sarar? – continuou o Mestre.

– Para alegrar minha mãezinha – respondeu suavemente a menina.

– Que farás se Deus permitir a tua cura? – prosseguiu Jesus, acariciando sempre a cabecinha que se inclinava, confiante, no Seu peito.

– Quero carregar muito a minha mãezinha...

– Muito bem, filha. Vai com tua mãe pelas tuas próprias pernas...

Assim falando, Jesus depôs a menina no chão. Sob o olhar estupefato da multidão, a criança começou a caminhar. A mãe lhe viera ao encontro, chorando convulsivamente.

Afastaram-se ambas, após haver a mulher se ajoelhado aos pés de Jesus, num agradecimento tocado de humildade.

Quando se perderam na distância, um dos discípulos perguntou ao Mestre:

– Que fará, realmente, essa menina? Que significa a sua última afirmativa?

– Ela será a providência de seu lar e carregará muitas vezes a mãezinha nos braços... – as palavras saíram reticentes dos lábios de Jesus.

Seus olhos pareciam ver, através do véu que encobre o futuro. Depois, concluiu, com leve acento de dor:

– Pobre mulher! Dentro de alguns anos, estará paralítica...

Houve um silêncio de compreensão. O povo permanecia afastado, sob as emoções intraduzíveis que aquela cura provocara.

Dali a pouco, o Mestre reiniciava a Sua tarefa de Amor, distribuindo consolação às almas torturadas e curando enfermidades físicas.

O Grande Perigo

Tema: A importância do exemplo

> *O Evangelho Segundo o Espiritismo*
> Cap. VII - *Bem-aventurados os pobres de espírito*

A sala de Dona Clara se encontrava iluminada por uma luz uniforme, invisível aos olhos humanos. Era a vibração do interesse puro daquelas almazinhas jovens, que ali se encontravam para ouvir as belas histórias da bondosa velhinha.

– Vocês estão muito atentas antes de iniciarmos a história de hoje, e isso me dá uma alegria muito grande ao coração. Vamos, pois, à tarefa do dia...

– Muito bem, vovó! Não queremos outra coisa! – confessou a encantadora Isabel.

– Vamos lá! Vamos lá! - disse a vovó.

Mais uma vez, imaginemos a velha Palestina, com suas províncias e cidades eternas, buscando o Mestre dos Mestres.

Certa vez, nas ruas mal cuidadas da Betânia, havia um movimento diferente, que não costumava acontecer todos os dias. Velhos, moços e crianças iam e vinham de um lado para outro, numa pressa denunciadora de algum acontecimento incomum.

Na verdade, assim era. Naquele dia, o povo comemorava uma das grandes festas populares. Era a Páscoa.

– Páscoa, antes da morte de Jesus? – indagou a inteligente Leda.

– Sim, minha filha. A Páscoa tem duas origens. A Páscoa dos Judeus deriva de um fato importantíssimo na história dos Hebreus: a libertação dos israelitas por Moisés. Assim, os judeus festejavam esse acontecimento com solenidades e comemorações tradicionais, muito antes da vinda de Jesus.

Já os cristãos têm sua Páscoa como fato evocador da chamada Ressurreição do Cristo.

– Sim, vovó!

– Pois bem, prossigamos. *Naquele dia, a multidão carregava flores e cestos com frutas para a sinagoga e dali se retirava com tudo que trazia. As flores e os frutos eram abençoados pelo sacerdote. Era o costume da época.*

Jesus e Seus discípulos vieram ao encontro do povo, quando o Sol do meio-dia refulgia no céu azul e punha reflexos amarelados no chão areento e claro.

Quando o Mestre passava nas proximidades da Sinagoga, Tiago manifestou o desejo de penetrar na secular casa de orações. Jesus atendeu, como quase sempre o fazia, com leve sorriso de compreensão nos lábios. Para ele, todos os lugares serviam para orar. Mas os companheiros queridos não se encontravam, ainda de todo, libertos da tradição familiar. Era preciso tempo e paciência até que aqueles corações devotados alcançassem a luz do entendimento completo.

A figura do Cristo, inconfundivelmente serena e majestosa, atraíra as atenções, sendo logo reconhecido por algumas pessoas que se admiraram de Sua presença ali, deixando transparecer essa estranheza nos olhos expressivos.

Um grupo de meninos se destacou do meio da multidão e, num gesto de encantadora espontaneidade, veio até ao meigo Rabi.

Um coro mavioso de vozes infantis se fez ouvir para saudar o Mestre:

O Pai que amamos,
E que nos ama
Porque cumprimos a Lei,
Seja contigo, Senhor!

Os olhos do Mestre espelharam de pronto uma sombra de tristeza, logo percebida pelos discípulos. Foi João quem indagou:

– Senhor, por que vos pusestes, de repente, tão apreensivo, quando a hora é de alegria e festa?

– Admira-me o fato de não haveres compreendido o motivo de minha preocupação!... – disse Jesus, tendo o cuidado de propiciar uma deixa para movimentar o raciocínio do jovem discípulo.

– Positivamente, não consigo pensar em quais sejam as razões de tão inesperada expressão de amargura que vejo em vossos olhos!

As crianças sempre foram a grande ternura de vossa alma e agora elas vêm ao vosso encontro em bela e tocante manifestação de carinho inocente e não tendes sequer um gesto de bênção para os pequeninos...

– Essas crianças adoráveis são candidatas ao preconceito tradicional do Judaísmo; são herdeiras da intolerância e do rigorismo da raça...

– Como sabeis? – interroga Pedro.

– Não observastes a saudação que me dirigiram? Já se julgam detentores de privilégios e direitos. Não só o orgulho evidente em semelhantes palavras, mas outros fatores que eu vejo e vós não podeis entender, contribuirão para fazer dessas crianças um grupo de Espíritos deformados pela incompreensão da legítima essência das Leis Divinas.

– E não há um meio de se evitar isso? – indagou João.

– Não, lamentavelmente, pelo menos na presente experiência. Porque as bases falsas de uma educação errônea já foram lançadas e já criaram raízes....

Os discípulos compreenderam afinal a importância da lição e se calaram, buscando fixar, no silêncio do recolhimento, o valor da Educação no caminho salvador das criaturas.

O silêncio se prolongou por muito tempo, revelando a preocupação dos Apóstolos entregues à meditação do grande problema, que se constituía na mais grave ameaça aos princípios salvadores da verdadeira Fraternidade, em todos os tempos.

A Grande Lição

Tema: *Trabalho edificante*

O Evangelho Segundo o Espiritismo
Cap. XXV - Buscai e achareis
Item 1 - Ajuda-te e o Céu te ajudará

– A Educação é, positivamente, a grande força que levantará o edifício da redenção humana. Com essa afirmativa, D. Clara iniciou a história daquela tarde de inverno, em que o grupo habitual se reunira para ouvir-lhe.

– Isto mesmo é o que mamãe também fala – diz Leda.

– É necessário, porém, entender-se o verdadeiro significado da Educação. Convém não confundir esse problema com a instrução que se ministra nas escolas.

– Qual é a diferença, D. Clara? – indagou Helena.

– Educação, minha filha, é o conjunto de hábitos sadios, que se ensinam às crianças, desde a primeira infância. Depois, quando a criança começa a ensaiar os primeiros passos no mundo maravilhoso do raciocínio, a sua educação deve ser encaminhada nos roteiros das Verdades Eternas, através do conhecimento das Leis de

104

Amor e Justiça, que procedem de Deus. A par dessas lições, a infância deve receber as lições preciosas dos bons exemplos dos adultos, particularmente dos pais...

– É bem difícil o papel dos pais, não é mesmo? – perguntou a ponderada Leda.

– É verdade, minha filha. E que responsabilidade têm eles perante Deus e a própria consciência!

– Ainda bem que eu já sei sobre isso! – acentuou a irrequieta Isabel – Assim não me casarei!

– Ora, minha neta! Fique sabendo que não existe na face da Terra uma tarefa tão sublime quanto a de mãe... Prepare-se, filha, convenientemente, para o desempenho da missão que a espera. Até lá há muito que ver, no sentido do trabalho a efetivar. Porque o tempo nada realiza sem a cooperação da criatura.

– D. Clara é bem diferente de minha avó... se fosse como ela, logo viria um bom puxão de orelhas! – interveio a graciosa Helena.

– Questão de pontos de vista, filha. Cada um encara os problemas da vida da maneira que melhor enxergar os próprios princípios de Educação – explicou bondosamente D. Clara.

Vamos, porém, à história de hoje, não é?

O convite querido da generosa velhinha estendera um círculo de luz naquelas cabecinhas curiosas, sob a vibração do interesse sadio.

D. Clara iniciou, então, a sua tarefa.

– Jesus, o Mestre Amado, será ainda o tema central de nossos corações.

105

Certa vez, o doce Rabi trabalhava na casa de Pedro, em Cafarnaum. A morada dos irmãos Pedro e André era pobre, porém, asseada e acolhedora.

O Mestre levara alguns dias a consertar os instrumentos da oficina abandonada. A carpintaria fora substituída pelos interesses da pescaria, havia muito tempo, pelos irmãos.

Enquanto se entretinha na obrigação nova, a alma de Jesus vibrava incessantemente em favor da Humanidade. Verdadeiras fagulhas brilhantes se irradiavam de Seu coração, abrangendo todos os cantos do mundo. Uma cascata de melodias divinas se projetava de Seu Espírito, envolvendo os corações humanos numa fulgente atmosfera de serenidade e esperanças.

Uma tarde, quando o Sol baixava no horizonte, e Pedro e André ainda se encontravam junto ao Mar da Galileia, um mendigo apareceu à porta da casa. Com as mãos estendidas, o pobrezinho rogava uma esmola ao Cristo:

— Atendei, Senhor, à miséria que vos estende as mãos vazias!

Naquele momento, o Mestre finalizava o serviço de conserto de uma ferramenta.

Incontinenti, Jesus colocou nas mãos que se lhe estendiam, súplices, o instrumento que consertara com carinho e entusiasmo.

Os olhos do mendigo refletiam a surpresa íntima e a sua boca não pôde calar uma exclamação irreverente:

— Pedi-vos dinheiro! Que farei com este traste?

– Com esse traste, meu amigo, terás todo o dinheiro que desejas, desde que procures utilizá-lo no trabalho construtivo – respondeu Jesus, com aquele intraduzível tom de voz e de terno cuidado que lhe caracterizava o coração sublime.

Eis que o pedinte retrucou com revolta:

– Trabalhar onde? Não tenho lugar sequer onde cair morto!

– Entra, amigo, aqui encontrarás trabalho, comida e roupa. Exercita-te na conquista do pão para o teu corpo, a fim de que te possas habilitar para obter o alimento para o teu Espírito, através do trabalho edificante...

Na Terra, conquistam-se os valores eternos, através da boa vontade e do esforço de cada dia, nas tarefas comuns.

As palavras do Mestre penetraram afinal o coração do mendigo, abrindo-lhe clareiras surpreendentes de conforto e esperanças novas, até então desconhecidas para ele.

E o mendigo entrou na casa, iniciando naquela tarde a grande obra do equilíbrio redentor, sob as vistas de Jesus.

A Lição Inesquecível

Tema: Aproveitar as oportunidades com amor

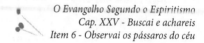

O Evangelho Segundo o Espiritismo
Cap. XXV - Buscai e achareis
Item 6 - Observai os pássaros do céu

Dois a três meses se passaram sem que as meninas do bairro pudessem reunir-se a Isabel para as alegrias do convívio doce de D. Clara.

É que a fase das provas na escola havia chegado e elas se entregaram com afinco ao estudo.

A generosa vovozinha de Isabel sentira muito a falta das pequenas, mas procurou distrair-se com a leitura de um livro novo que lhe deram de presente.

Era um volume com muitas gravuras coloridas que tinha ela pressa de apresentar às amiguinhas.

Naquela tarde luminosa de Primavera, a turma irrequieta, formada por aquelas doces meninas, deveria aparecer.

Com efeito, pouco esperou D. Clara para ver chegar os primeiros rostinhos sorridentes na sala acolhedora. Em seguida, chegaram as demais meninas.

Foi um verdadeiro acontecimento, recheado de

muita alegria. Beijos, abraços e até lágrimas de ternura surgiram daqueles coraçõezinhos muito amados.

– Como é? Vocês estavam com saudades das histórias da vovó? – perguntou D. Clara, que também sentira muita saudade das meninas.

– Se estávamos! – confessou Leda. – Muito mais do que a senhora possa avaliar...

– É mesmo, vovó! Elas já haviam me falado isso lá na escola – informou a encantadora Isabel.

– Muito bem! Querem vocês ouvir histórias, hoje?

– Queremos, sim! – exclamaram as meninas em coro.

Hoje, por exemplo, reservei para vocês uma história que ouvi, há muitos anos, e que guardei na memória.

Certa vez, Jesus e Seus discípulos demandavam os caminhos pedregosos e quentes de Jericó, quando resolveram parar à sombra convidativa de uma árvore para descanso.

Sentaram-se todos em volta do Mestre, ao mesmo tempo em que João retirava de um saco de pano a merenda coletiva que trouxera, repartindo-a com os companheiros de excursão. Eram pãezinhos de milho, deliciosos e frescos. Dali a pouco, sentiram sede e tiveram de abandonar o abrigo benéfico daquela sombra, a fim de buscarem novos recursos para a garganta ressequida.

Jesus comentava, então, as limitações do corpo que conduzem o Espírito, às vezes, aos caminhos tortuosos do erro.

Sentaram-se todos em volta do Mestre, ao mesmo tempo em que João retirava do seu bornal a merenda coletiva que trouxera...

Pedro não entendera bem o comentário e indagou:

– Segundo compreendi, devo acreditar que as necessidades do corpo constituem erros. Não é assim?

– Não penetraste bem o sentido da lição, Pedro. Referi-me ao hábito das criaturas de não suportarem os estímulos da fome e da sede sem as reações imediatas da impaciência. De tal maneira, prendem-se ao conforto do estômago, que se esquecem dos interesses do Espírito.

Agora, por exemplo – prosseguiu o Mestre –, podíamos permanecer por algumas horas à sombra daquela árvore generosa a entreter-nos com as luzes de novas lições. Mas a mesquinha necessidade da sede não vos permitiu que pensassem nisso...

– Por que não nos alertastes, Mestre? Teríamos aproveitado tanto! – exclamou Tiago, sinceramente acabrunhado.

– Não cabia a mim a iniciativa de estimular-vos o interesse espiritual, quando outros interesses tomavam conta do vosso entendimento...

Mas vos deixo a lição. Antes de correrdes à satisfação dos hábitos de ordem material a que vos prendeis, observai se não tendes diante de vós a oportunidade edificante do aprendizado ou do serviço. E ponderai sempre que uma oportunidade que se perde jamais voltará. Outras oportunidades virão, porém, a que deixastes passar ficará sepultada na cova das coisas mortas.

Àquela altura, os viajantes haviam atingido o fio cristalino de um riacho. Os discípulos se detiveram, indecisos. A hesitação dos companheiros foi observada pelo Cristo, que tornou com a voz cheia de doce compreensão:

– Aproveitai a água que passa, porque ela não volta mais...

Os discípulos sorriram, desafogados, e obedeceram prontamente ao Mestre, dessedentando-se gostosamente.

Mas nunca esqueceram a lição daquele dia de grande calor. E muitas vezes puseram-na em prática, no esquecimento de si mesmos pelas glórias do serviço com o Cristo.

D.Clara terminara a tarefa daquela tarde.

As meninas permaneceram na sala, por alguns minutos, a comentar a história cheia de ensinamentos edificantes.

Lá se foram, depois, prometendo voltar no dia seguinte.

Tema: A importância de ajudar

O Evangelho Segundo o Espiritismo
Cap. XI - Amar o próximo como a si mesmo

A sala se iluminara com a graça e a vivacidade daquelas almas infantis, que buscavam o gostoso aconchego do lar de D. Clara, além das maravilhosas histórias e de todo o ensinamento.

Leda fora a primeira a chegar e se mostrava impressionada com a história do dia anterior, comentando-a em vários detalhes com a vovó de Isabel.

Os velhos olhos cansados de D. Clara se iluminaram através dos óculos e uma lágrima lhe caiu pelas faces envelhecidas.

Como era doce e confortador, para o seu coração, sentir as vibrações de interesse puro que seus contos despertavam naquelas almas infantis!

– Você será uma boa professora, Leda, porque é observadora e sabe fixar bem os pontos mais importantes de uma lição. Por enquanto, continue a ser a boa aluna que é. O futuro espera por você e exigirá de seu coração o máximo de esforço, no preparo de outras almas...

Leda ouvia D. Clara, profundamente emocionada, entusiasmando-se à ideia de ser professora.

113

– Desde pequenina, que me veio o desejo de tornar-me professora. Mas nunca disse nada a ninguém. Como foi que a senhora descobriu?

– Ora, filha, a gente percebe claramente as aptidões existentes nas almas sinceras como você. Criaturas assim são livros abertos, verdadeiras páginas ante nossos olhos...

O resto da turma havia entrado em silêncio e aguardava, disciplinadamente, o final da conversa.

Dona Clara convidou as meninas a tomarem seus lugares preferidos e, sem demora, iniciou a história.

Certa vez – começou ela –, *Jesus realizou, na companhia dos discípulos, uma viagem na terra de Cesareia. Esta cidade ficava junto ao Mar Mediterrâneo, como vocês podem observar no mapa geográfico que colocamos na parede.*

Todos os olhos se voltaram para o dedo indicador de D. Clara, que assinalara o ponto enunciado.

– Como se pode imaginar – continuou ela –, era um lugar muito banhado pelo Sol. As praias eram muito claras, com areias batidas pelo mar, quase sempre calmo.

O Mestre se achava na cidade, de passagem, pois não amava aquele centro tumultuoso, onde as ambições mais variadas se chocavam, convertendo Cesareia num verdadeiro labirinto de paixões inferiores.

Jesus passeava, com os discípulos, à beira do mar e retemperava-se do calor reinante, quando uma pequena de uns seis anos passou por eles,

A garotinha, como que atraída por desconhecida força, desprendeu-se das mãos do homem forte que a conduzia e correu para o lado de Jesus, com os bracinhos estendidos.

acompanhada de um moço, cujo porte alto e robusto lhe denunciava a nacionalidade romana.

A garotinha, como que atraída por desconhecida força, desprendeu-se das mãos do homem forte que a conduzia e correu para o lado de Jesus, com os bracinhos estendidos:

– Senhor! Senhor! Quero abraçar-vos!

O Mestre sorriu, mansamente, e tomou a criança nos braços.

Os discípulos não se surpreenderam. O Cristo era um ímã irresistível não apenas para as crianças, como para os adultos. Aquele fato era comum para eles, mas não para o moço que se chegou, espantado, ao grupo, afirmando:

– Não compreendo como essa ferazinha procurou alguém! Esta menina é um problema seriíssimo para mim e sua mãe...

Jesus imobilizara o olhar profundo no rosto do jovem pai e redarguiu, com serenidade:

– O senhor não perdoa o sangue estrangeiro que a filha traz. Não se conforma com as linhas nitidamente galileias, que salientam os traços deste rostinho moreno.

Estas palavras foram acompanhadas de carinhoso gesto nas faces da menina.

O moço teve um movimento de surpresa ao encontrar alguém que lhe falava sobre os sentimentos mais íntimos que ele tinha. Realmente, ali se encontrava envergando responsabilidades de alto cargo e seu casamento com a filha única de rico armador galileu fora quase uma exigência do Estado, pois o *imperador teve conhecimento das pretensões absurdas do magnata da Cesareia a respeito de possível aliança de sua filha com o jovem mandatário romano.*

E o enlace se realizou sob a íntima revolta do noivo, que se acentuou ainda mais com o nascimento da primogênita, que era o espelho vivo da raça materna.

Esses pensamentos passaram rapidamente, como o agitar das asas de um passarinho, e o moço romano indagou, surpreso:

– Como sabeis dessas coisas, que jamais revelei a quem quer que fosse?

O Mestre se voltou serenamente para o rapaz, sem responder-lhe à pergunta:

– Meu amigo, esta criança é generosa e meiga, mas não poderá se desenvolver além disso com a influência dos pensamentos maus que o pai constantemente lhe demonstra sobre este frágil corpinho. Se não houver uma mudança radical nas suas ideias negativas, a filhinha não resistirá. Será vitimada pelo próprio genitor...

– Não compreendo, Senhor, como os meus sentimentos mais íntimos possam exercer tamanha influência sobre a saúde de minha filha!

O moço romano parecia impressionado com a revelação que Jesus lhe fazia e se tornou apreensivo perante ideia de perder a filha. Só agora compreendia quanto amava aquela criaturinha, que era o fruto de um casamento imposto pelas circunstâncias de ambição ao orgulho de romano bem-nascido.

Jesus olhou o rapaz, demoradamente, rebuscando-lhe os íntimos sentimentos e asseverou, com grande convicção:

117

– *Míriam será de hoje por diante a criaturinha mais dócil e terna que o Sol de Cesareia cobrirá!*

– *Senhor! Quem vos revelou o nome da minha filha?! – perguntou o moço, cheio de assombro.*

– *A brisa doce do mar me sussurrou o belo nome de sua encantadora filha...*

A resposta evasiva do Mestre pareceu contentar o moço, que recebeu nos braços a filhinha, que se lhe ofereceu ao carinho paterno, confirmando a previsão daquele estranho homem, cujo olhar profundo parecia ler-lhe os sentimentos mais escondidos...

Pai e filha se afastaram, ao longo da praia muito branca e rebrilhante, ao impacto do Sol ardente da manhã.

Alguns momentos depois, quando os dois já se perdiam na distância, João quebrou o silêncio significativo e indagou:

– *Por que não dissestes a verdade ao pai, com respeito ao nome da menina?*

– *Ele não está preparado para a compreensão da verdade, nesse terreno. Por enquanto, era necessário falar-lhe ao coração. Depois, tudo virá a seu tempo e hora.*

Ante a explicação do Mestre, que se convertera em preciosa lição para todos, Pedro indagou:

– *E a criança se modificará mesmo?*

Caminhando lentamente, com os olhos postos na vastidão infinita das águas, Jesus atendeu:

– *Sim, porque não receberá a punição dos pensamentos doentios do pai a castigar-lhe o cora-*

ção, que se adapta vagarosamente ao meio, para futuras tarefas de grande importância, na Seara da fraternidade.

– Quereis dizer que o enfermo é o moço? – acentuou a voz indagadora de Felipe.

O Mestre, mais uma vez, depositou no coração dos amados discípulos o tesouro eterno das lições divinas:

– Sim. Míriam veio até nós como medianeira dos Céus para a cura do pai, a quem se encontra ligada por raízes profundas e muito antigas...

Os discípulos se calaram, a exemplo do Mestre, rumando para fora da cidade.

Compreendiam eles, afinal, a razão da vinda do Mestre à Cesareia.

Naquele momento, uma luz brilhante atingiu o Céu límpido do litoral; havia partido do coração em prece dos discípulos de Jesus.

Naquele final de tarde, D. Clara anunciou que, mais uma vez, deveria interromper, por algum tempo, aquelas tardes de histórias tão queridas à sua alma.

É que desejava se recuperar melhor fisicamente e preparar-se na leitura de outros contos interessantes para transmiti-los às meninas.

A turminha ficou entristecida. D. Clara prometeu, então, a última história para o dia seguinte, a título de consolação...

Amantel

Tema: O amor verdadeiro e a mensagem de Jesus

O Evangelho Segundo o Espiritismo
Cap. XII - Amai os vossos inimigos

As crianças, reunidas em torno da grande mesa da sala de jantar, ouviram, atentas, as palavras de D. Clara.

A generosa velhinha, como sempre, acolhia carinhosamente as encantadoras amiguinhas de sua neta.

— Reservei para hoje — começou a vovó de Isabel — uma bela história que agradará muito a vocês...

— Como todas as histórias que a senhora nos conta! — exclamou uma das meninas, com transparente entusiasmo.

D. Clara sorriu com essa alegria interna que só os grandes contentamentos assinalam, e prosseguiu:

— Vejamos a história, queridas, que encerrará estas histórias evangélicas, por algum tempo.

Numa rua afastada da bela Jerusalém, morava, em uma casa simples, mas acolhedora, uma família modesta. Um só filho iluminava aquele lar tranquilo e feliz.

Era um menino de oito anos, muito belo e suave. Os olhos da criança eram negros e iluminados por reflexos de ternura e meiguice.

Certa vez, o garoto, cujo nome era Amantel, saíra com a mãe para fazer algumas pequenas compras nas ruas centrais da cidade. Quando passaram nas proximidades do Templo, a atenção de ambos foi despertada por grande movimento.

O menino pediu, ansioso:

– Vamos ver o que é, mãezinha?

A mãe consentiu, mesmo porque, ela própria estava curiosa por saber o que se passava ali.

Aproximaram-se e viram, no centro da rua, um homem, ainda moço, que falava a pessoas que pareciam enfermas.

As mãos brancas, singularmente belas, daquele homem, estendiam-se, num gesto de profundo carinho, sobre aquelas criaturas tão aflitas e sofredoras...

– É Jesus, mãezinha! Ismael falou-me d'Ele no outro dia, afirmando-me que O vira curar um paralítico...

– Como sabes, filho, ser esse homem o mesmo Jesus? – indagou a mãe, surpresa.

– Ora, mãe, nem é preciso muita coisa para saber que só mesmo Jesus pode fazer o que estamos vendo! – asseverou o menino com entusiasmo.

– Tu me espantas, filho. Não quero que te entusiasmes por esse desconhecido. É muito perigoso a gente tomar-se de interesse por essas pessoas... – observou a jovem senhora, reservada.

– Por que, mãe? Então é perigoso a gente gostar de ver os outros fazerem o bem? Olha, mãezinha, agora Ele está com uma criança, menor que eu, nos braços. Ela parece doente. Garanto que vai sarar...

O pequeno Amantel estava realmente impressionado e notava-se-lhe o empenho de transmitir à mãezinha aquela impressão verdadeira e pura, que lhe dominava o coraçãozinho.

– Vamos, filho, teu pai já deve estar de volta do trabalho.

Aquilo era uma ordem, e o bom filho acolheu sempre de boa vontade uma ordem dos pais.

Mas, daquela vez, Amantel obedeceu com o coração cheio de tristeza. Queria tanto ver o Cristo de perto, dizer-lhe algumas palavras de ternura e respeito...

Passaram-se alguns meses.

Uma tarde, Amantel se achava à soleira da porta de sua casinha. O coração estava pesado e *triste. Alguma coisa devia estar acontecendo à pessoa a quem ele muito amava.*

As colinas de Jerusalém pareciam ao menino, naquelas primeiras horas da tarde, carregadas de sombras. As árvores não tinham a beleza que costumavam ter. O brilho do Sol não se insinuava, como de hábito, nos ramos enverdecidos, dando-lhes as nuances coloridas e brilhantes de outros dias...

Naquele momento, o pai de Amantel chegava do trabalho.

Era ainda um pouco cedo para isso. Algo devia estar acontecendo. E o menino correu ao encontro do pai.

— Vamos para dentro, filho!

É preciso fechar toda a casa, e aguardarmos o desenrolar dos acontecimentos.

As palavras soavam aos ouvidos de Amantel como uma terrível revelação.

— Mas o que houve, pai? Que houve? – interrogou ansiosamente o menino.

— É uma verdadeira revolução na cidade, filho, por causa de um tal Jesus!

Aquele nome produziu um choque inexplicável no coração de Amantel.

— Jesus?! Que houve com Jesus?

— Foi condenado e deve morrer ainda hoje no madeiro, no monte das Caveiras...

— Que dizes, pai?! Vai morrer porque é bom? Porque cura os doentes e abençoa as crianças?

123

Seus olhos negros e ternos avistaram o Cristo, sob o peso de uma cruz tosca de madeira.

– *Não, filho. Dizem que ele é homem perigoso e precisa expiar os seus crimes...*

– *Não creio! Não creio! – interrompeu Amantel, em soluços, a correr para a rua, perseguido pelo pai aflito.*

Atravessou várias ruas, numa desabalada carreira. Postou-se à frente de uma casa para respirar. Dentro de pouco tempo, em meio à confusão reinante nas ruas da cidade, o pai perdera a direção que o filho seguia.

Amantel atravessou, correndo, duas a três ruas da cidade agitada. Não tardou a enxergar, no rumo das montanhas de leste, uma grande aglomeração de povo.

Dali a poucos minutos estava junto da multidão. Melhor fora para seu coraçãozinho se não tivesse se aproximado. Seus olhos negros e ternos avistaram o Cristo, sob o peso de uma cruz tosca de madeira. Os cabelos, de um louro dourado, caíam-lhe aos ombros desnudos, ensopados de suor e sangue. O corpo estava vergado mais ao jugo das íntimas apreensões, que pelo madeiro.

– *Por que fazem isso com um homem tão bom? Coitadinho! Será que não têm compaixão d'Ele? Santo Deus, não compreendo coisa tão estranha...*

Era isso o que os olhos de Amantel falavam, dolorosamente expressivos.

Jesus recolheu essa mensagem de profundíssimo amor do olhar triste e cheio de lágrimas do menino, quando este se aproximou ainda mais do cortejo infeliz.

Os lábios ressequidos do Mestre se entreabriram num sorriso triste. E Amantel pode ouvir as Suas palavras:

– Não te aflijas, Amantel. Amanhã serás útil a esses infelizes, ensinando-lhes a minha Doutrina. Enxuga o pranto e volta ao teu lar! Vê: não há uma só criança pelas ruas.

Aquelas palavras saíram da alma de Jesus para o coração do menino, como um sopro misterioso, que passou despercebido por aquela multidão ignorante que acompanhava o Mestre ao suplício glorioso.

Amantel enxugou suas lágrimas com a ponta da túnica e, mais tranquilo, retomou o caminho de casa...

Anos mais tarde, Amantel, já adolescente, guardava ainda no coração aquelas palavras.

Seus olhos brilhantes espelhavam sempre a grande amargura que a incompreensão humana produzia, agora, no seu próprio caminho de servidor do Evangelho...

Nos olhos de cada menina brilhava uma lágrima silenciosa.

Leda admitira que aquelas lágrimas foram provocadas pelas emoções da história e pela despedida temporária.

As meninas rodearam a vovó de Isabel e lhe cobriram a cabeça prateada de beijos.

Dona Clara retirou os óculos cobertos pelas lágrimas.

Seu velho coração generoso estava intimamente "dando pulos" de alegrias.

Acabava de receber a mais bela e confortadora manifestação de carinho de toda a sua vida...

idelivraria.com.br

Pratique o "Evangelho no Lar"

Aponte a câmera do celular e faça download do roteiro do **Evangelho no lar**

Ide editora é nome fantasia do Instituto de Difusão Espírita, entidade sem fins lucrativos.

ideeditora   ide.editora   ideeditora

◀◀ **DISTRIBUIÇÃO EXCLUSIVA** ▶▶

Av. Porto Ferreira, 1031 | Parque Iracema
CEP 15809-020 | Catanduva-SP
17 3531.4444   17 99257.5523

boanovaed
boanovaeditora
boanovaed
www.boanova.net
boanova@boanova.net

Fale pelo whatsapp

Acesse nossa loja